A. TUDESQ & J. DYSSORD

Les Allemands peints par eux-mêmes

"ÉDITIONS ET LIBRAIRIE"
40, RUE DE SEINE (VIe)
PARIS

Les Allemands
peints par eux-mêmes

A. TUDESQ & J. DYSSORD

Les Allemands peints par eux-mêmes

PARIS
"ÉDITION & LIBRAIRIE"
40, RUE DE SEINE, 40

Extrait du *Simplicissimus.*

... Doux gardiens aux yeux tendres de la Loi dans la rue.....

PRÉFACE

La mégalomanie allemande, ou le régime du mensonge national.

C'est devenu un lieu commun d'observer que personne n'a dit plus de mal de soi que le Français. Mais il y a la manière. Cyrano sait ridiculiser son nez mieux que quiconque, mais il met son élégance à ne point laisser d'autres s'embarrasser de ce soin.

S'il est loisible à un gentilhomme de se persifler, il n'en va pas de même d'un parvenu de la veille. Sa raison d'être est toute dans sa morgue récente. N'ayant pas eu le temps de s'accoutumer à sa fortune, il en est encore rempli et comme étonné. Sa surprise, il tient à la faire partager à autrui. De là, son insupportable fatuité.

L'Allemand, pourrait-on dire, est parvenu *par définition et par destination. Nul plus que lui n'a dit autant de bien de soi-même. A l'entendre, il est de lignée supérieure au restant de l'humanité, et ce n'est point d'hier que les pangermanistes nous ont rebattu les oreilles de cette prétention.*

De lignée supérieure !...

Cette prétention exagérément gonflée a jeté l'Allemand dans une aventure où il croyait tout dévorer, et où, certainement, il perdra ses chausses. Ce formidable, incroyablement dupé, fait surtout figure de grotesque.

Cependant, il s'est trouvé, même chez lui, des esprits plus clairvoyants, presque prophétiques, pour signaler le mal dont il est en train de périr : la mégalomanie.

Et chose curieuse, on verra que ce sont les plus grands Allemands qui ont tenu, vis-à-vis de la postérité, à se désolidariser de l'Allemagne, à la barbarie impudente et cynique.

LES ALLEMANDS
PEINTS PAR EUX-MÊMES

I

DE L'ALLEMAND JUGÉ COMME PEUPLE

Pourquoi ils se plaisent à bombarder les cathédrales. — Le « vieux Dieu » allemand. — Leur âme : un bric-à-brac de moyen âge. — Leur esprit de servilité et leur façon d'être patriotes. — De leur esprit de rancune, ou les querelles d'Allemand. — La guerre pour l'argent.— Sérieux comme un Allemand mort la veille.— L'étrange souhait d'Henri Heine.

Avec une clairvoyance prophétique qui prouve combien il savait lire dans l'âme de ses compatriotes, Henri Heine annonçait déjà, vers 1830, la fureur iconoclaste de l'Allemand et sa haine des cathédrales. Après le bombardement de Reims, l'incendie des églises de Belgique et de Lorraine et l'attentat manqué contre Notre-Dame de Paris, comme apparaît, tristement fondée, cette menace du poète de l'*Intermezzo* :

« Le christianisme a adouci, jusqu'à un certain point, cette brutale ardeur batailleuse des Germains, mais il n'a pu le détruire, et quand la croix, ce talisman qui l'enchaîne, viendra à se briser, alors débordera de nouveau la férocité des anciens combattants, l'exaltation frénétique des Pesserkers que les poètes du Nord chantent encore aujourd'hui. *Alors, et ce jour hélas ! viendra, les vieilles divinités guerrières se lèveront de leurs tombeaux fabuleux, essuieront de leurs yeux la poussière séculaire :*

Thor se dressera avec son marteau gigantesque et démolira les cathédrales...

(De l'Allemagne).

Ailleurs, Notre-Dame est en toutes lettres nommée :

« Vous pouvez, vous autres Français, admirer et aimer la chevalerie. Il ne vous en est rien resté que de jolies chroniques et des armures de fer. Vous ne risquez rien à amuser ainsi votre imagination, à satisfaire votre curiosité. Mais chez nous, Allemands, la chronique du moyen âge n'est pas encore close ; les pages les plus récentes sont encore humides du sang de nos parents et de nos amis, et ces harnais étincelants protègent encore les corps vivants de nos bourreaux. Rien ne vous empêche, Français, de priser les vieilles formes gothiques. Pour vous, les grandes cathédrales, comme Notre-Dame de Paris, ne sont autre chose que de l'architecture et du romantisme ; pour nous, ce sont les plus terribles forteresses de nos ennemis. »

Le vieux Dieu allemand, celui-là même qu'à tous propos le Kaiser invoque pour allumer l'incendie des villes, piller musées, maisons et châteaux et bombarder les nefs vénérables, quel est-il, ce vieux Dieu allemand? On le trouve décrit, haut et large, dans un vieux chant qu'entonnent, après boire, les étudiants. Les paroles de cette chanson, déclare un auteur, sont *retentissantes et bardées de fer*. Les voici :

« Notre Dieu est une forteresse et une bonne armure : il nous délivrera de tous les dangers qui nous menacent à présent. Le vieux méchant démon nous en veut aujourd'hui sérieusement, il est armé de pouvoir et de ruse, il n'a pas son pareil au monde.

« Votre puissance ne fera rien, vous verrez bientôt votre perte... Si le monde était plein de démons, et s'ils voulaient nous dévier, ne nous mettons pas trop en peine, notre entreprise réussira cependant. Le prince de ce monde, bien qu'il nous fasse la grimace, ne nous fera pas de mal : il est condamné ; un seul mot le renverse.

« Ils nous laisseront la parole, et nous ne diront pas merci pour cela... Laissez-les faire : ils ne gagneront rien ; à nous restera l'empire. »

C'est à force, peut-être, d'invoquer leur « vieux Gott », que les Allemands ont transporté dans leurs mœurs, leur air et leurs livres, cette étrange fureur du *gothique*. Avez-vous visité, outre-Rhin, quelque ville aux boulevards neufs, et récente dans ses constructions, Munich surtout? Un vrai délire de moyen âge.

La moindre brasserie y tranche de la forteresse ; un hôtel n'y est rien moins, avec sa lourde façade à ogive, qu'un château fort prêt pour tous les sièges ; une gare, comme celle de Metz, apparaît flanquée de tourelles, d'échauguettes, de remparts, de meurtrières, à la façon des vieux burgs du Rhin. C'est là le style kolossal.

Déjà de son temps, Henri Heine raillait ces choses extravagantes, par comparaison surtout, avec celles du romantisme français :

« La mode du gothique en France n'était qu'une mode, et ne servait qu'à rehausser la joie des temps présents. On laisse flotter ses cheveux en longues boucles de moyen âge, mais il suffit d'une observation distraite du coiffeur qui vous dit que cela va mal, pour qu'on se fasse abattre du même coup de ciseaux la chevelure moyen âge et les idées qui s'y rattachent. Hélas ! c'est tout autre chose en Allemagne ! La raison en est que le moyen âge n'y est pas entièrement mort et décomposé comme chez vous. Le moyen âge allemand ne gît point pourri dans son tombeau ; il est souvent animé par un méchant fantôme ; il apparaît au milieu de nous à la pleine clarté du jour, et suce la vie la plus colorée de notre cœur.

« Hélas ! ne voyez-vous pas comme l'Allemagne est pâle et triste, et avec elle, la jeunesse allemande, naguère encore si joyeusement enthousiaste? Ne voyez-vous pas le sang à la bouche du vampire plénipotentiaire qui réside à Francfort, et y suce avec une si horrible et ennuyeuse patience le cœur du peuple allemand? » (*De l'Allemagne.*)

Et, à l'appui, ce souvenir personnel, symbolique, qui est toute l'histoire de l'Allemagne d'aujourd'hui :

« A Wartbourg, je visitai aussi l'arsenal où sont suspendus les cuirasses, les morions, les rondaches, les hallebardes, les flamberges, toute cette garde-robe de fer du moyen âge. Je me promenais tout pensif dans la salle, accompagné d'un jeune noble, un de mes camarades d'université, et dont le père était dans notre province un des principicules les plus puissants, qui faisait trembler le petit coin de terre soumis à sa domination. Ses ancêtres aussi furent de puissants barons, et le jeune homme plongeait avec délices dans ses souvenirs héraldiques à l'aspect de quelques-unes de ces armes et de ces cuirasses qui, comme le disait l'étiquette, avaient appartenu à un guerrier de sa race. Il détacha du mur la longue épée de son aïeul, et, ayant par curiosité essayé de la manier, il se vit forcé d'avouer qu'elle était un peu trop lourde; après quoi il laissa tomber son bras. Le brave petit-fils était trop faible pour agiter l'épée de ses pères. »

***

On a fort discuté, on discute encore pour savoir si cette affreuse guerre a été voulue par les hobereaux et les princes, au mépris des plus intimes sentiments du peuple ou en parfait accord avec lui.

Pour ceux qui, ces derniers ans, ont voyagé en Allemagne et connaissent un peu le peuple, qu'il soit des champs ou de la ville, de la plus haute Prusse, ou de la plus basse Bavière, aucun doute n'est permis : la guerre ne fut pas imposée par une classe à d'autres : elle est du peuple autant que du Kaiser.

L'Allemand, d'ailleurs, est singulièrement attaché à ses princes. Qu'ils lui commandent le patriotisme, le voilà patriote. Henri Heine a parfaitement décrit et cet esprit de servilité, et ce patriotisme d'ordonnance.

« Il n'est pas de peuple qui ait autant d'attachement pour ses princes que le peuple allemand... Les peuples de l'Allemagne ressemblent à ces vieux serviteurs des grandes maisons que nous voyons avec attendrissement au théâtre, qui souffrent plus que leurs nobles maîtres des humiliations que ceux-ci sont forcés de subir, qui versent en secret des larmes amères quand le besoin fait vendre la vaisselle d'or et d'argent, et dépenseraient leurs misérables épargnes plutôt que de voir la chandelle bourgeoise remplacer la bougie aristocratique sur la table de leurs seigneurs...

« Nous eussions aussi supporté tranquillement Napoléon ; mais nos princes, tout en espérant que Dieu les délivrerait, se livrèrent, en même temps, à la pensée que les forces réunies de leurs peuples pourraient bien y faire quelque chose ; on chercha dans ce dessein à réveiller un sentiment commun à tous les Allemands et alors les personnages les plus éminents parlèrent de la nationalité allemande...

On nous commanda le patriotisme, et nous devînmes patriotes : car nous faisons tout ce que nos princes nous commandent.

» Il ne faut pas cependant se représenter sous ce nom de patriotisme le sentiment qui porte ce nom en France.

Le patriotisme du Français consiste en ce que son cœur s'échauffe, qu'il s'étend, qu'il s'élargit, qu'il enferme dans son amour, non pas seulement ses plus proches, mais toute la France, tout le pays de la civilisation ! Le patriotisme de l'Allemand, au contraire, *consiste en ce que son cœur se rétrécit, comme le cuir par*

Extraits du *Simplicissimus*.

Quelle fascination infernale aperçois-je ! La contemplation de cet objet doit susciter en toi des idées criminelles.

Je défends la pureté de ton âme en couvrant l'œuvre de Satan avec l'une des feuilles de vigne que j'ai toujours sur moi.

la gelée, qu'il cesse d'être un citoyen du monde pour n'être plus qu'un étroit Allemand. »

La haine chez l'Allemand est aussi forte que l'orgueil. Rien ne saurait la désarmer ou l'adoucir. Henri Heine, qui en souffrit, l'a décrite sans tendresse.

A l'heure où se déroule la plus implacable des guerres, ces aveux sont à enregistrer, pour le présent comme pour l'avenir.

« Vous n'avez aucune idée, vous autres, Français, de notre haine ; mais les Allemands sont plus rancuniers que les peuples d'origine romane : cela tient à ce qu'ils sont idéalistes jusque dans la haine. Nous ne nous fâchons pas pour des choses futiles, comme vous le faites, pour une piqûre de vanité, pour une épigramme, pour l'oubli d'une carte de visite : nous, *nous haïssons chez nos ennemis ce qui est le plus essentiel, le plus intime : la pensée.* Vous êtes prompts et superficiels dans la haine comme dans l'amour. Nous autres, Allemands, nous détestons radicalement, et d'une manière durable. Trop honnêtes pour nous venger par la première perfidie venue, nous, nous haïssons jusqu'au dernier soupir ».

« — Je connais, Monsieur, le calme allemand, disait dernièrement une dame en me regardant de tous ses yeux et d'un sourire incrédule ; je sais que dans votre langue vous employez le même mot pour dire pardonner et empoisonner. Elle avait raison : le le mot *vergesen* a ce double sens. » (*De l'Allemagne.*)

Voilà bien d'intéressantes déclarations, qu'au moment du règlement des comptes et pour nos neveux nous devions faire sonner haut. Mais en voici d'autres, prophétiques, que la guerre de 1914 et son cortège d'atrocités illustrent de façon saisissante :

« Quand vous entendez le vacarme et le tumulte, soyez sur vos gardes, nos chers voisins de France, et ne vous mêlez pas de l'affaire que nous ferons chez nous, en Allemagne : il pourrait vous en arriver mal. Gardez-vous de souffler le feu, gardez-vous de l'éteindre, car vous pourriez facilement vous brûler les doigts. Ne riez pas de ces conseils... ne riez pas du poète fantasque. La pensée précède l'action comme l'éclair, le tonnerre. Le tonnerre, en Allemagne, est bien à la vérité allemand aussi, il n'est pas très leste, et vient en roulant lentement, mais il viendra...

« Je vous le conseille, Français, tenez-vous alors fort tranquilles, et surtout gardez-vous d'applaudir. Nous pourrions facilement mal interpréter vos intentions, et vous renvoyer un peu brutalement suivant notre manière impolie : car si jadis, dans notre état d'indolence et de servage, nous avons pu nous mesurer avec vous, nous le pourrions bien plus encore dans l'ivresse arrogante de notre jeune liberté...

« D'abord, on ne vous aime pas en Allemagne, ce qui est presque compréhensible, car vous êtes pourtant bien aimables, et vous vous êtes donné, pendant votre séjour en Allemagne, beaucoup de peine pour plaire au moins à la meilleure et à la plus belle moitié du peuple allemand. Mais, lors même que cette moitié vous aimerait, c'est justement celle qui ne porte pas d'armes, et dont l'amitié vous servirait peu.

« Ce qu'on vous reproche au juste, je n'ai jamais pu le savoir. Un jour, à Gœttingue, dans un cabaret à bière, un jeune Vieille-Allemagne dit qu'il fallait venger dans le sang des Français le supplice de Konradin de Hohenstaufen, que vous avez décapité à Naples. Vous avez certainement oublié cela depuis longtemps : mais nous n'oublions rien, nous. Vous voyez que lorsque l'envie nous prendra d'en découdre avec vous, nous ne manquerons pas de raisons d'Allemand. Dans tous les cas, je vous conseille d'être sur vos gardes, qu'il arrive ce qu'il voudra en Allemagne, que le prince royal de Prusse ou le docteur Wirth parvienne à la dictature, tenez-vous toujours armés, demeurez tranquilles à votre poste, l'arme au bras. Je n'ai pour vous que de bonnes intentions et j'ai

MICHEL (à la vache) : De cette façon, pauvre bête, tu auras maintenant un peu de repos; le mioche de la marine semble moins gourmand.

Extraits du *Simplicissimus*.

MICHEL (vexé) et la vache (non moins) : Voilà l'autre qui exagère... Trois dans le bec, en même temps.....

presque été effrayé quand j'ai entendu dire dernièrement que vos ministres avaient le projet de désarmer la France... »

(*De l'Allemagne*).

Cette guerre, fondée sur la haine, qu'il déclencha, pourquoi l'Allemand la fait-il? Pour l'honneur ou pour l'argent? Heine, voici plus d'un demi-siècle, nous répondait par avance :

« Nous ne croyons plus à la puissance merveilleuse du sang, pas plus d'un gentilhomme que d'un dieu, et la grande masse n'a foi qu'en l'argent. Mais en quoi consiste cette religion d'aujourd'hui : est-ce l'argent fait Dieu, ou Dieu fait argent? N'importe, l'argent est le seul culte actuel. Ce n'est plus qu'au métal monnayé, aux hosties d'or et d'argent que le peuple attribue une vertu miraculeuse. L'argent est le commencement et la fin de toutes les œuvres des hommes d'aujourd'hui. »

***

Boutade ou réalité, dont seuls pourraient décider nos soldats, au retour du champ de bataille : il n'est rien d'aussi sérieux qu'un Allemand mort la veille. Notre auteur au moins nous l'assure :

« Un Allemand vivant est déjà cependant une créature suffisamment grave. Mais un Français ne peut se figurer combien nous sommes sérieux après notre mort, nous autres Allemands : nos figures alors sont plus longues que de coutume, et les vers qui dînent à nos dépens deviennent tout mélancoliques rien qu'à nous voir. »

Etonnez-vous alors de l'horreur de leurs spectres et du ton de leurs vieilles légendes.

« Dans nos compositions nationales et dans nos légendes populaires traditionnelles domina ce sombre esprit du nord dont vous pouvez à peine vous faire une idée. Vous avez, ainsi que nous, plusieurs sortes d'esprits élémentaires, mais les nôtres diffèrent autant des vôtres qu'un Allemand diffère d'un Français. Que les démons de vos fabliaux sont nets et propres en comparaison de la canaille infernale de nos esprits infects et mal léchés ! Vos fées, vos lutins, de quelque pays que vous les tiriez, du pays de Galles ou de l'Arabie, semblent parfaitement naturalisés chez vous. Vos Ondines et vos Mélusines, par exemple, sont des princesses ; les nôtres sont des blanchisseuses. Quelle frayeur éprouverait la fée Morgane, si elle rencontrait une sorcière allemande, toute nue, enduite d'onguent, et courant, à cheval sur un balai, au sabbat du Broken, cette montagne qui sert de rendez-vous à tout ce qui a été conçu de plus hideux et de plus sombre ! A sa cime est assis Satan, sous la forme d'un bouc noir. Chaque sorcière s'approche de lui, un cierge à la main, et le baise là où cesse le dos. Puis, toutes ces sœurs infernales dansent en rond autour de lui...

« Laissez-nous, à nous autres Allemands, toutes les horreurs du délire, les rêves de la fièvre et le royaume des esprits. L'Allemagne est un pays convenable pour les vieilles sorcières, les peaux d'ours morts, les golems de tout sexe, et surtout pour des feld-maréchaux comme le petit Cornélius Népos. Ce n'est que de l'autre côté du Rhin que de tels spectres peuvent réussir ; la France ne sera jamais un pays pour eux.

« Lorsque je me mis en route pour venir en France, mes spectres m'accompagnèrent jusqu'à la frontière. Là, ils prirent tristement congé de moi ; car la vue du drapeau tricolore dissipe les spectres de toute espèce.

« Oh ! que je voudrais m'établir sur la flèche du clocher de Strasbourg, en tenant dans une main un drapeau tricolore qui flotterait jusqu'à Francfort.

« Je crois qu'en déroulant ce drapeau béni sur ma chère patrie, et en prononçant les véritables paroles d'exorcisme, les vieilles sorcières s'envoleraient sur leurs manches à balai, la froide race sainte des peaux-d'ours rentrerait dans sa tombe... »

Il est des spectres que nous gardions aussi, nous Français, qui nous hantaient souvent et nous faisaient cruellement souffrir, de vrais spectres Allemands : ils se nommaient 1870, l'Alsace, la Lorraine.

.... De ces spectres, nous avons subi longtemps la hantise, l'influence, le harcèlement, et puis, non par peur, mais par crainte de très grands maux, et peut-être — et surtout, disons-le — par souci de notre quiétude, nous nous sommes efforcés de nous dérober, de nous soustraire à leurs appels ; nous nous sommes détournés d'eux un peu lâchement, afin de ne pas avoir d'ennuis. Mais l'ennemi, se méprenant sur notre bon vouloir trop grand, sur notre mansuétude trop craintive, a exagéré ses agaceries jusqu'à venir nous mettre le couteau sur la gorge... Alors, c'est fini. Nous allons les abolir de nos mémoires ces spectres : 1870, l'Alsace, la Lorraine ; nous voulons effacer leur souvenir jusque dans l'histoire.

L'heure est proche !... oui, l'heure est proche, où selon l'étrange désir de l'étrange Henri Heine, le drapeau tricolore flottera sur la flèche du clocher de Strasbourg jusqu'à Francfort.

II

UN BLUFF QUI DURA PLUS D'UN SIECLE :
LA « KULTUR » ALLEMANDE

(D'APRÈS GŒTHE, NIETZSCHE, GRILLPARZER. SCHOPENHAUER)

Gœthe considérait que l'Allemagne, de son temps, était encore dans la barbarie. — Comme quoi le voisinage d'un Allemand trouble la digestion. — Culture et « Kultur » ; il n'y a pas de culture allemande. — Ont-ils, au moins, une musique? — Les méfaits de leur littérature. — Les « Hyperallemands ». — Le testament de Schopenhauer.

La « kultur » allemande ! Ce leit-motif, article de foi chez nos voisins, longtemps fut accepté par nous. Il avait même trouvé crédit chez nos éducateurs, au cœur de notre Université ! Depuis plus d'un siècle, cependant, avec un zèle constant, les maîtres de la pensée allemande, Gœthe, Nietzsche, Grillparzer, l'amer Schopenhauer dénonçaient cette « kultur » comme un mensonge, comme un bluff.

Il a fallu la guerre pour nous ouvrir les yeux.

« Nous, Allemands, déclarait Gœthe, sommes d'hier. Depuis un siècle, il est vrai, nous avons fait un sérieux progrès en civilisation, mais quelques siècles passeront encore avant que nos paysans aient assez d'idées et un esprit d'une culture assez élevée pour rendre hommage à la beauté, comme les Grecs, pour s'enthousiasmer en écoutant une jolie chanson, pour qu'enfin on puisse dire d'eux : « C'étaient alors des barbares, mais il y a longtemps ! »

(Conversations de Gœthe recueillies par Eckermann.)

« Nos naturalistes aiment les longues listes. Ils partagent la terre en une infinité de sections, et pour chaque section ils ont un nom. Ceci est de l'argile ! Cela est du silice ! Ceci est ceci, et cela est cela ! Quand je sais tous ces noms qu'est-ce que j'ai gagné? Quand j'entends tous ces mots, je me rappelle toujours les vers de Faust : « Ils nomment la chimie *Encheires in Naturoe* ! Les ânes se bafouent eux-mêmes et ne s'en aperçoivent pas. »

« Que me font toutes ces sections, tous ces noms ! Ce que je veux connaître, c'est ce qui, dans l'univers, anime chaque élément, de telle sorte qu'il cherche les autres, se soumet à eux, ou les domine, suivant que plus ou moins élevé ; mais sur cette question, précisément, règne le plus profond silence.

« Dans les sciences, tout est trop séparé. Dans nos chaires, pendant des semestres entiers, on fait des leçons sur branche spéciale; aussi, les découvertes positives paraissent pauvres, quand on jette un coup d'œil sur les derniers siècles. On répète presque uniquement ce que d'illustres prédécesseurs ont dit ; quant à une science indépendante, on n'y pense pas. On conduit par bandes les jeunes gens dans des salles, dans des amphithéâtres, et, dans la disette de faits positifs, on les nourrit de citations et de mots... C'est là évidemment une voie détestable... »

(Idem.)

***

L'auteur de l'*Antéchrist*, d'*Ecce Homo* et d'*Ainsi parla Zarahoustra* n'est pas tendre non plus pour cette prétention de ses compatriotes. Il les déteste de race, de pensée et d'instinct. Il les appelle tout court « des criminels contre l'esprit ».

MADAME PUTIPHAR

Extrait du *Simplicissimus.*

JOSEPH (plein d'amour, mais peu rassuré). — Votre mari à l'air extrêmement énergique et dangereux, chère Madame.....

FRAU PUTIPHAR (peu rassurante, quoique pleine d'amour). — Il y a, c'est vrai, des moutons ayant une peau de loup.. ..

Dans le seul *Ecce Homo*, voici ce qu'on peut lire :

« Tel que je suis, je reste étranger dans mes instincts les plus intimes à tout ce qui est allemand, à un point que le voisinage d'un Allemand suffit à retarder ma digestion...

« C'est vers un petit nombre de vieux auteurs français que je retourne toujours à nouveau. Je ne crois qu'à la civilisation française et tout le reste, que l'on appelle en Europe culture, me semble un malentendu, pour ne rien dire de la civilisation allemande... Les rares cas de haute culture que j'ai trouvés en Allemagne étaient tous d'origine française...

« Partout où atteint l'Allemagne, elle corrompt la culture. »

Sa haine contre eux l'entraîne même à nier la musique allemande.

« Je n'admettrai jamais qu'un Allemand *puisse* savoir ce que c'est que la musique. Ce que l'on appelle des musiciens allemands, et avant tout les plus grands, ce sont des *étrangers*, des Slaves, des Croates, des Italiens, des Hollandais — ou encore des Juifs...

« Penser en allemand, sentir en allemand, je suis capable de tout, mais cela dépasse mes forces...

« Rien ne m'empêchera d'être brutal et de dire aux Allemands quelques dures vérités : qui donc le ferait autrement? Je parle de leur impudicité en matière historique. Non seulement les historiens allemands ont perdu le coup d'œil vaste pour l'allure et pour la valeur de la culture, mais ils vont jusqu'à la proscrire. Il faut être, pour eux, avant tout *Allemand*, il faut être de la *race*, alors seulement on a le droit de décider de toutes les valeurs et de toutes les non-valeurs en matière historique. On les détermine « Allemands », c'est là un argument ; « l'Allemagne, l'Allemagne par-dessus tout c'est un principe...

« J'ai envie de dire aux Allemands tout ce qu'ils ont déjà sur la conscience ; je considère même que c'est un devoir de leur dire. *Ils ont sur la conscience tous les grands crimes contre la culture des quatre derniers siècles.* Et ceci toujours pour la même raison, à cause de leur profonde lâcheté en face de la réalité, qui est aussi la lâcheté en face de la vérité, à cause de leur manque de franchise qui est devenu une seconde nature chez eux... L'esprit allemand est pour moi une atmosphère viciée. Je respire mal dans le voisinage de cette malpropreté en matière psychologique qui est devenue une seconde nature, de cette malpropreté que laisse deviner chaque parole, chaque attitude d'un Allemand.

« Les Allemands n'ont jamais traversé un dix-septième siècle de sévère examen de soi-même, comme les Français. Un La Rochefoucauld, un Descartes sont cent fois supérieurs en loyauté aux premiers d'entre eux.

« Les Allemands n'ont pas eu jusqu'à présent de psychologues. Or, la psychologie est presque la mesure pour la *propreté* ou la *malpropreté* d'une race... Et dès lors que l'on n'est pas propre, comment pourrait-on avoir de la profondeur?...

« Ce que l'on appelle en Allemagne « profond » c'est précisément cette malpropreté d'instinct à l'égard de soi-même, dont je viens de parler. On ne *veut* pas voir clair au fond de son propre être. Me permettra-t-on de proposer le mot « allemand » comme monnaie internationale, pour désigner cette dépravation psychologique?... »

Nous arrêtons là nos citations. Il faudrait un ouvrage entier pour les réunir toutes.

***

Le grand dramaturge autrichien Grillparzer, que la « kulture » germanique revendique comme un de ses génies littéraires, était loin de se faire des illusions sur ses admirateurs allemands :

« Les Allemands, confesse-t-il, manquent de nerf et de caractère. Je veux avoir à faire à quelqu'un quand je lis un ouvrage... Quand je veux donner à mes idées une vie nouvelle, je m'adresse à une littérature étrangère... Malheur à tout peuple qui s'éprend de la littérature allemande. Il verra cette littérature absorber sa littérature nationale et il ne sortira de là que des radoteurs et des détraqués. La littérature allemande a déjà contaminé la littérature anglaise et bientôt la française. Elle exerce partout une action énervante. Pour nous, elle est la meilleure parce que nous ne pouvons pas en avoir d'autre, mais les étrangers doivent s'en garder. »

Ces barbares peuvent-ils d'ailleurs prétendre avoir une littérature nationale? Frédéric le Grand, le royal ami de Voltaire, ne le croyait pas :

« Je nie, écrivait-il, qu'il y ait une littérature allemande au sens où il y a une littérature française, italienne, anglaise, espagnole ; la nôtre est un résumé de toutes les autres. Elle est née de l'imitation et non d'un besoin naturel, elle a son origine dans les livres et non pas dans des conceptions originales ; elle s'est approprié tout le contenu des littératures étrangères, pour cette simple raison déjà qu'elle est la dernière venue... L'Allemand n'écrit jamais quelque chose, il écrit sur quelque chose... »

Mais il est un art qu'ils possèdent par dessus tout, celui de répandre l'ennui autour d'eux :

« Les Allemands, observe Grillparzer, n'ont pas de rivaux dans l'art de s'ennuyer. Drôle de nation ! »

Ce culte du moyen âge qui leur fait encore employer dans l'impression de leurs livres des caractères gothiques, il semblerait que le moindre sentiment de pudeur vis-à-vis d'eux-mêmes devrait les en écarter.

Après avoir rappelé que :

« Les Germains des temps de Tacite n'étaient que des hordes

barbares dont on retrouverait les frères chez les sauvages tatoués de l'Afrique et de l'Océanie », Grillparzer ajoute que leur moyen âge n'est qu'une époque de violence, de scolastique ennuyeuse et de brutalité tempérée par l'absurdité. »

Une étrange manie s'est abattue sur l'Allemagne contemporaine, c'est :

« Cette fureur de nationalité qui a rendu les Allemands ridicules et odieux... Ces Hyperallemands (*Ueberdeutsche*) ne sont que des fanfarons. Leur héroïsme se borne à des déclamations... D'où vient tout ce bruit, d'où vient cette prépondérance accordée à l'étude de la langue et des antiquités nationales, sinon des chaires et des universités allemandes où des fous regorgeant d'érudition ont surexcité jusqu'au délire et au crime l'esprit d'une nation. »

Décidément, il est trop compromettant d'appartenir à une nation aussi odieuse et aussi disgraciée.

« Je suis, moi aussi, déclare-t-il encore, un Allemand, mais je serais tout aussi volontiers un Français, un Italien ou un Hongrois. »

Et après avoir cité ce mot de Libussa :

« Cette nation aveugle quand elle agit, inerte quand elle pense. »

Il se jure « d'éliminer autant que possible de son organisme ce virus germanique dont la présence ne lui vaut que gêne et douleur, de retrouver cette innocence d'âme, cette force, cette élasticité, cette joie que possédaient les Grecs et les Espagnols et que les Allemands ont perdu, en s'écartant de la nature ... » Je donne, dit-il, à la patrie allemande ma parole que je m'affranchirai autant que possible de cet esprit qui est le sien actuellement. »

Le mot d'Aurélie dans *Wilhelm Meister* lui revient sans doute à l'esprit :

« Je dois supporter mon destin qui a fait de moi une Allemande.

C'est le propre des Allemands de s'appesantir sur la réalité et de sentir la réalité s'appesantir sur eux. »

Jean Christophe Adelung, philologue réputé, n'était d'ailleurs pas d'un autre avis que Grillparzer touchant l'état barbare de l'Allemand " Le Germain n'est qu'une bête de proie, dit-il *(La plus ancienne histoire des Allemands.* 1809*)* une bête de proie qui dort quand elle ne chasse ou ne mange.

Plus brièvement, mais avec non moins de vigueur, dans son testament intellectuel, Schopenhauer, à l'exemple de ses illustres compatriotes, avait déclaré :

« Je dois dire pour l'histoire que j'ai toujours méprisé les Allemands et que je rougis d'appartenir à leur race. »

Nietzche n'était guère d'un autre avis, même quand il était à juger les plus grands Allemands. « Il est indéniable que la culture allemande a dupé les Européens, et qu'elle n'était digne ni d'être imitée, ni de l'intérêt qu'on lui a porté, et moins encore des emprunts qu'on rivalisait à lui faire. Que l'on se renseigne donc aujourd'hui sur Schiller, Guillaume de Humboldt, Schleiermacher, Hegel, Schelling, etc.; qu'on lise leur correspondance et qu'on se fasse introduire dans le grand cercle de leurs adhérents : qu'est-ce qui leur est commun, qu'est-ce qui chez eux nous impressionne, tels que nous sommes maintenant, tantôt d'une façon si insupportable, tantôt d'une façon si touchante et si pitoyable ? D'une part, la rage de paraître, à tout prix, moralement ému; d'autre part, le désir d'une universalité brillante et sans consistance, ainsi que l'intention arrêtée de voir tout en beau (les caractères, les passions, les époques, les mœurs). Malheureusement ce beau répondait à un mauvais goût vague qui néanmoins se vantait d'être de provenance grecque ».

Extrait du *Simplicissimus.*

Le Comité de l'Office de Statistique, après constatation d'une effarante chute de natalité, a réuni en conférence ses intéressés les plus notoires, aux fins de rechercher les moyens de s'opposer au refroidissement du lit conjugal.....

III

LE « HERR PROFESSOR »

Le Herr Professor Treitschke. — Un étrange enseignement. — Une définition de l'État, qui promet. — Le général von Bernhardi à la rescousse. — La violation de la Belgique justifiée à l'avance. — La guerre envisagée comme une institution divine. — Le professeur Lasson. — Le professeur Ostwald. — Le manifeste des Intellectuels allemands. — La schlague, méthode d'éducation.

Ce n'est point du Herr professor « *vulgaris* » popularisé par le crayon vengeur d'Hansi que nous voulons parler. « On l'a assez vu », ainsi que s'exprime gavroche irrespectueusement, mais bien du « Her professor » *maximus*, de celui qui a formé les cerveaux de l'Allemagne contemporaine à l'image du sien.

Il s'agit du professeur de droit Treitschke qui, dans ses conférences faites à Berlin sur la *politique de* 1875 *à* 1895, intoxiqua de son virus de barbacole diffus toute une génération. Pendant un quart de siècle, un nombreux public d'étudiants, d'officiers et de fonctionnaires suivit assidument ses cours, et il nous est, à l'heure présente, loisible de savourer les fruits de cet étrange enseignement.

L'axiome cher à Treitschke était que : « L'Etat représentait le point le plus élevé où puisse atteindre la société humaine ; au-dessus de l'Etat, affirmait-il, il n'existe rien dans l'histoire du monde. » Le droit international n'existe donc pas. Il n'y a qu'une réalité : l'Etat, dont tout le pouvoir réside dans la force.

« *Der Staat is Macht* »

La morale n'a donc rien de commun avec les relations entre peuples de différentes nationalités :

« Il est ridicule d'engager un Etat qui entre en compétition avec d'autres Etats à se mettre en route avec un catéchisme dans la main. »

Dans un livre paru en 1911, sous le titre l'*Allemagne et la prochaine guerre*, le général von Bernhardi, son disciple le plus fidèle, surenchérira, si possible, sur l'enseignement du « maître ».

« Chaque nation, expose-t-il, développe sa conception du droit ; personne ne peut dire qu'une nation en possède une meilleure qu'une autre. »

Les engagements pris par l'Etat, ainsi que l'avançait cyniquement Treitschke, ne valent que si les conditions demeurent les mêmes : *rebus sic stantibus*. Von Bernhardi applique précisément ce principe à la Belgique et justifie à l'avance la violation de son territoire :

« *Quand a été*, peut-on lire dans son livre, *proclamée la neutralité de la Belgique, personne ne prévoyait qu'elle prétendrait à posséder une vaste et riche région de l'Afrique. On peut se demander si l'acquisition d'un pareil territoire n'est pas « ipso facto » une rupture de neutralité...* »

« L'Etat, dit Treitschke, a deux fonctions à remplir : rendre la justice et faire la guerre... La guerre est sainte, elle est d'institution divine. Elle est la forme la plus puissante qui fonde les nations, la politique par excellence... Quelle perversion de la moralité ce serait, si on l'effaçait de la terre !... »

Bernhardi insiste :

« Le maintien de la paix ne peut, ne doit jamais être le but de la politique... La guerre, cette forte médecine, cette école d'héroïsme, cette fatale loi biologique, est la loi de l'humanité. La force est le droit suprême et le point de savoir ce qui est juste est décidé par l'arbitrage de la guerre qui donne une solution biologiquement juste... Une nation faible n'a pas les mêmes droits de vivre qu'une nation puissante et vigoureuse... La force est le véhicule de la plus haute civilisation... »

De ce qu'ils appellent la « kulture », sans doute... Quel pathos ! et comme Momus en avait raison dans cet avertissement qu'il faisait, hélas ! en vain, à ses compatriotes :

« Prenez garde que dans cet Etat qui fut à la fois une puissance en armes et une puissance en intelligence, l'intelligence ne s'évanouisse, et qu'il ne reste qu'un Etat purement militaire. »

L'ignoble agression de 1914 devait lui répondre...

***

Autre juriste, même guitare :

Il y a dix ans on voyait se réimprimer en Allemagne un petit livre (1) qui, par son bon marché, ne tarda point à se répandre dans les masses populaires. Un professeur de l'enseignement secondaire, en Prusse, avait pris l'initiative de cette publication qui parut dans une collection destinée à l'édification de ses concitoyens. La première édition datait de 1868. Le titre de cet opuscule était *La guerre et le but idéal de la culture*, et son auteur, le professeur Lasson, professait à l'Université de Berlin. Comme le fait excellemment observer un collaborateur du *Temps*, qui eût à s'occuper de ces stupéfiantes théories : « Ce petit catéchisme d'un Etat brigand, — Sparte ou Lacédémone, — définit avec une précision encore inégalée l'Allemand moderne, que la science arme essentiellement pour la guerre, et par la guerre, pour la conquête et surtout pour l'asservissement économique des autres nations. »

Il n'est pas, que nous sachions, de réquisitoire plus implacable contre la culture germanique que les lignes qu'on va lire :

(1) Deutshe-Buchereï-Band, 57. *Das Kulturideal und der Krieg*, von Adolf Lasson, Zweite Auflage.

« Un Etat ne saurait logiquement admettre au-dessus de lui, sans disparaître par le fait, aucun tribunal dont il doive accepter les décisions. Entre les Etats ne peut régner que la guerre. Le conflit est l'essence même et la règle des relations entre Etats ; l'amitié n'est que hasard et exception (p. 11). »

« Tant qu'il y aura des hommes doués de libre arbitre, la contrainte seule pourra assurer l'exécution du droit... Lorsqu'en cas de litige la force de résistance de l'adversaire sera brisée, le nouvel état de choses ainsi créé sera aussi digne de respect que le précédent (p. 12). »

« D'Etat à Etat, il n'y a pas de loi. Une loi n'étant qu'une force infiniment supérieure, un Etat qui en reconnaîtrait avouerait sa faiblesse. Il ne serait qu'une communauté tolérée, affectant grotesquement d'être un Etat sans en pouvoir exercer la fonction essentielle, qui est de repousser la contrainte par la force » (p. 13). « Un petit Etat n'a droit à l'existence qu'en proportion de sa force de résistance... Entre Etats, il n'y a qu'une force de droit, le droit du plus fort... Il est donc parfaitement raisonnable que des guerres aient lieu entre les Etats ». (p. 14).

« On ne doit demander à un Etat ni pitié, ni bienveillance. Seulement, la prudence ordonne de ne causer à autrui que le dommage dont résulte pour l'agresseur un avantage considérable et permanent. » (p. 15).

« Un Etat ne saurait commettre de crime... Ce n'est pas une question de droit, c'est une question d'intérêt d'observer les traités » (p. 16). « Qui a la force peut créer un nouvel état de choses qui sera aussi bien le droit que le précédent... Le faible est malgré tous les traités la proie du plus fort, aussitôt que ce dernier le veut et le peut » (p. 17). « Cet état de choses peut même être qualifié de moral, puisqu'il est rationnel. » (p. 18).

« Entre les Etats envisagés comme êtres intelligents, les litiges ne peuvent être résolus que par la force matérielle... Pour supprimer la guerre, il faudrait supprimer l'État, c'est-à-dire organiser le despotisme et l'esclavage universels. » (p. 26).

« L'Etat qui n'est organisé que pour la paix n'est pas un véritable Etat ; il ne manifeste toute sa signification que par sa préparation à la guerre... La loi est l'amie du faible. » (p. 29).

« La guerre est un phénomène fondamental dans la vie de l'Etat, et sa préparation assure dans l'édifice de la vie nationale une place prépondérante. » (p. 31). « Elle est la partie principale du devoir de l'État. » (p. 32).

« L'honneur du guerrier est l'admission par ses camarades du fait qu'il mène une vie conforme à son état, et que sa mentalité est identique à celle de ses compagnons. » (p. 35).

« L'absence de préparation à la guerre est chez un peuple signe de décadence physique et morale. » (p. 37).

« La technique de la guerre n'est pas du travail perdu. Le canon est la partie la plus efficace du métier à tisser. » (p. 41).

« Quels que soient les progrès de l'intelligence, des conditions matérielles ou de la moralité d'un peuple qui n'aurait pas la possibilité de se défendre et d'assurer les résultats acquis, tout le travail serait vain et ce peuple ne servirait que de fumier sur le champ de la culture d'autrui. » (p. 46).

« La civilisation est le progrès commun de la civilisation sur la barbarie. La « culture » est la forme individuelle que prend cette civilisation chez tel ou tel peuple. Les diverses formes de culture s'opposent mutuellement l'une à l'autre. Chacune menace l'autre ; car chacune se croit vraie et parfaite et veut étendre son influence.» (p. 54). « Toute guerre raisonnable est une guerre à propos des formes de culture. » (p. 55).

« Lorsqu'une fois la guerre a éclaté, tout est en jeu ; car toute guerre est question de vie ou de mort... Il serait aussi faible de garder des ménagements que misérable d'en attendre. » (p. 56).

« La liberté d'un Etat, c'est la possibilité pour lui de se développer d'une manière conforme à ses propres sentiments. Cette liberté est menacée lorsqu'une pression extérieure essaye d'influencer ce développement, quels que soient les principes sonores que l'agresseur inscrive sur ses étendards. » (p. 56).

« La guerre de conquête est aussi légitime que la guerre de défense. C'est une absurdité de s'indigner contre une guerre de conquête. Le seul point intéressant est l'objet de cette conquête. » (p. 60).

« Une guerre peut être faite pour des intérêts politiques, jamais pour une « idée ». Ce serait le renversement de toutes les saines bases de la vie de l'Etat. » (p. 61).

« L'Etat national, qui réalise la plus haute forme de culture de la race, ne peut se réaliser que par la destruction des autres Etats, qui ne peut logiquement s'effectuer que par la violence. » (p. 66).

« Le patriotisme le plus ignoble est celui qui ne s'applique même pas à un véritable Etat, mais à une fausse caricature d'Etat qui n'a jamais eu la force d'exister et de se défendre par ses propres moyens, qui n'existe que par la grâce d'autrui, qui n'est donc pas réellement un Etat. » (p. 67).

« Le droit à l'indépendance n'est pas un droit inné chez un peuple, il doit être acquis à grand'peine... Un peuple de haute culture, mais de culture peu favorable à la concentration et à l'action militaire de l'Etat doit, en toute justice, obéir au barbare dont l'organisation politique et militaire est supérieure. » (p. 71).

« Cela n'a rien d'illogique. La valeur morale d'une forme de culture est dans sa force. La culture existe pour se manifester sous forme de force. » (p. 72). « Personne n'est forcé d'accepter l'esclavage. Si la force ne suffit pas à assurer la liberté, il reste comme ressource la mort. » (p. 75).

« La civilisation mène à la concorde. Mais la civilisation n'est pas la culture. Entre formes de culture, il ne peut y avoir que conflit et haine. » (p. 79). « Demander un développement paisible des diverses formes de culture, c'est demander l'impossible, renverser l'ordre de la nature, mettre une fausse idole à la place de la véritable moralité... Cet état paradisiaque... n'est qu'une phrase dans la bouche des simples ou un mensonge hypocrite et conscient. » (p. 79).

« L'intervention dans les affaires d'autrui est un droit qui n'est limité que par la force d'autrui. Si le succès est assuré elle n'est pas seulement justifiée ; elle peut devenir un devoir de l'Etat vis-à-vis de lui-même. » (82).

« Le faible se flatte volontiers de l'inviolabilité des traités, qui lui assure sa misérable existence. Mais la guerre est justement là pour lui montrer qu'un traité a pu être mauvais, que les circonstances ont changé... Il n'y a qu'une garantie : une force militaire suffisante. » (p. 98).

« Les citoyens de certains Etats non militarisés se prétendent « libres » puisqu'ils n'ont pas de devoirs à remplir. Ces soi-disants Etats n'existent que par une fiction et n'ont pour eux que la rage hargneuse du petit vis-à-vis du grand dont il voudrait occuper le siège. » (p. 99).

« Il y a des gens qui parlent d'un soi-disant droit des peuples de disposer d'eux-mêmes... Laisser un peuple ou à plus forte raison une fraction de peuple décider de questions internationales, par exemple son attribution à tel ou tel Etat, équivaudrait à faire voter les enfants d'une maison sur le choix de leur père... C'est le mensonge le plus frivole que jamais tête welsche ait inventé. » (p. 100).

« Le poète ne saurait incarner le caractère d'une époque, d'un peuple... mieux que dans le guerrier, qui donne une expression visible à ce qu'il est, dont chaque pas ébranle un monde, dont les décisions se manifestent par la complexité de mouvements d'une armée, et dont chaque pensée incendie les villes, prosterne les peuples dans la poussière, dévaste les pays et chasse devant soi les armées. » (p. 105).

« On peut, en politique, ajourner bien des choses. Mais si l'occasion s'en présente, que celui qui a la force et se sent prêt tranche les questions par l'épée : c'est pour les grandes questions historiques la seule solution rationnelle et durable. » (p. 130).

Comment s'étonner que s'étant incorporé la moëlle de ces idées impies, les soudards de von Kluck et autres sires se soient livrés aux atrocités que l'on sait?

***

Ce professeur Lasson est, d'ailleurs, un cas pathologique du plus vivant intérêt. Qu'on en juge plutôt par ces deux lettres qu'il adressait dans le courant de l'année 1915 à un de ses amis hollandais et que la *Revue Hollandaise* d'Amsterdam se fit un malin plaisir de reproduire :

« Berlin, 29 septembre 1914.

« Cher monsieur et ami,

« Depuis des mois, je n'ai pas écrit à un seul étranger : un étranger est un ennemi jusqu'à preuve du contraire. On ne saurait rester neutre vis-à-vis de l'Allemagne et du peuple allemand. Ou bien on considère l'Allemagne comme la création politique la plus parfaite que l'Histoire ait connue, ou bien on approuve sa destruction, son extermination. Un homme qui n'est point Allemand ne sait rien de l'Allemagne. *Nous sommes moralement et intellectuellement supérieurs à tous : hors de pair.* Il en est de même de nos organisations et de nos institutions.

« *Guillaume II, deliciæ generis humani* (en latin dans le texte allemand) a toujours protégé la paix, le droit et l'honneur, bien qu'il lui eût été possible par sa puissance de tout anéantir. Plus ses succès furent grands, plus il devint modeste. Son chancelier, M. de Bethmann-Hollweg, le plus éminent des hommes actuellement vivants, ne connaît pas de plus hauts soucis que celui de la vérité, de la loyauté et du droit. *Notre armée est pour ainsi dire une image réduite de l'intelligence et de la moralité du peuple allemand.* Nous devons sacrifier les meilleurs et les plus nobles d'entre nous dans une guerre contre les brutes russes, les mercenaires anglais et les fanatiques belges. Les Français sont ceux qui se rapprochent encore le plus de nous. Nous n'aurons point de paix tant que ces trois trouble-fête européens ne seront point abattus. Nous voulons avoir la paix et la sécurité et nous la garantirons ensuite aux autres. Nous voulons pouvoir poursuivre notre œuvre civilisatrice. *Nous n'avons à nous excuser de rien.* Nous ne sommes pas un peuple de violents, nous ne menaçons personne tant qu'on ne nous attaque point. Nous faisons du bien à tous. Louvain n'a point été détruit. On y a brûlé seulement les maisons des meurtriers. Les contes qu'on rapporte sur les espions allemands en Belgique sont de méchantes calomnies. Nous autres Allemands, nous ne portons un jugement qu'après l'avoir établi par une enquête. La cathédrale de Reims n'a pas été démolie. Ce sont les Français qui provoquèrent le dommage qu'on lui causa. L'Angleterre a une politique qui fait songer à celle des Etats d'Europe au dix-huitième siècle. L'Allemagne, au contraire, a enseigné au monde à diriger la politique avec conscience et à faire la guerre avec loyauté. L'Angleterre va à sa ruine. La France peut encore être sauvée. Quant à la Russie, elle ne doit plus être notre voisine. Nous ferons cette fois-ci table rase. Notre véritable adversaire est l'Angleterre. Malheur à toi Albion : Dieu est avec nous et défend notre juste cause ! »

« Berlin, 30 septembre 1914.

« Cher monsieur et ami,

Permettez-moi de vous donner encore quelques indications

complémentaires afin que vous sachiez ce que pense un Allemand cultivé. Nous autres, Allemands, nous sommes puissamment armés, en partie pour protéger la Hollande. Si nous n'étions pas aussi forts, la Hollande eût été depuis longtemps annexée. Elle est incapable de se protéger elle-même. Ce petit royaume mène une existence tranquille à nos dépens; il vit de sa vieille gloire et de son argent amassé depuis longtemps. La Hollande n'est qu'un appendice de l'Allemagne. Sa vie est confortable, c'est une vie en robe de chambre et en pantoufles qui coûte peu de peine, peu d'efforts et peu de pensées. Si cette existence vous suffit, tant mieux. L'Allemand, lui, a de plus hauts devoirs et de plus hautes aspirations.

« Aujourd'hui, la Hollande peut penser ce qu'elle veut ; mais toute action hostile à l'empire allemand aurait les conséquences les plus graves. Pour cette Hollande d'aujourd'hui, nous n'avons, nous autres Allemands, que peu de respect et de sympathie. Sauf l'appui que nous leur donnons, nous devons remercier Dieu que les Hollandais ne soient point nos amis. Nous respirons à pleine poitrine le large souffle de l'Histoire et nous ignorons cette misérable existence bourgeoise.

« Nous n'avons point d'amis. Tous nous craignent et nous regardent comme dangereux, parce que nous sommes intelligents, actifs et moralement supérieurs. Nous sommes le peuple le plus libre de la terre, car nous savons obéir. Notre loi est la raison, notre force est la force de l'esprit, notre victoire la victoire de la pensée. C'est pour cela que nous pouvons lutter contre de nombreux ennemis, comme autrefois Frédéric II.

« Une conspiration européenne a tissé tout autour de nous des mensonges et des calomnies ; nous, nous sommes véridiques ; *nos caractéristiques sont l'humanité, la douceur, la conscience, les vertus chrétiennes. Dans un monde de méchanceté, nous représentons l'amour, et Dieu est avec nous*. Vous pouvez faire de cette lettre l'usage qu'il vous conviendra.

APRÈS L'EMPRUNT

Extrait du *Simplicissimus*.

MICHEL (éprouvé par le fisc collecteur de l'impôt de guerre). — C'est encore bien que la feuille de contribution soit assez large ; cela me permet au moins de couvrir ma nudité...

« Je vous salue très cordialement, et vous souhaiterai très sincèrement de vivre dans un « état de violents », tout comme moi.

« LASSON. »

Le professeur Lasson, penserez-vous, est une exception relevant d'un spécialiste pour maladies mentales. Détrompez-vous. Le professeur Ostwald ne le lui cède en rien.

Ouvrez un gros livre (comme tous les livres de science allemands, et tous les livres allemands sont plus ou moins de science) intitulé l'*Evolution de l'Electro-chimie* et vous pourrez lire au chapitre I les étranges déclarations suivantes :

« Comme chacun sait, l'enseignement secondaire en Allemagne a pour base le néo-humanisme. Les partisans de ce néo-humanisme prétendent que les Grecs et les Romains ont atteint le summum de la perfection, et que le seul moyen pour nous d'y parvenir, c'est de nous familiariser aussi complètement que possible avec les œuvres de l'antiquité.

« Or, les résultats prouvent que le *néo-humanisme est absolument impropre à produire une réelle culture*. C'est l'estime extraordinaire où les poètes du dix-huitième siècle ont tenu l'art grec qui ouvrit les voies au néo-humanisme scolaire du dix-neuvième siècle ; et, si cette école pédagogique avait été de nature à produire d'heureux résultats, c'est dans le domaine artistique plus que dans tout autre que ces résultats apparaîtraient. Or, nous savons à quoi nous en tenir sur les résultats de l'opération fort compliquée que préconisait Schiller et que, d'après lui, Gœthe accomplissait. Cette opération, qui consistait à « enfanter en Grèce, pour ainsi dire, par un effort de réflexion », n'a jamais donné que des produits mort-nés. Celles de nos œuvres d'art qui sont réellement vivantes (que l'on songe, par exemple, au merveilleux développement de notre musique pour laquelle, heureusement, il n'y avait pas de modèle dans l'antiquité) ne sont pas nés artificiellement en Grèce, mais naturellement et sur notre propre sol.

« Le néo-humanisme s'est montré particulièrement impropre à favoriser le développement des sciences. J'ai fait voir ailleurs que les grands savants de notre époque, ceux qui ont le plus contribué aux progrès de la civilisation, ont souffert presque tous, pendant leur jeunesse, de la tyrannie de cet humanisme scolaire, en particulier de *la vaine étude du latin* ; et que, s'ils ont fait de grandes choses, ce n'est pas grâce à cette école, mais malgré cette école... » (*L'Evolution de l'Electro-chimie*, chap. I.)

Tout comme son collègue Lasson, le personnage est loin de regimber à l'interview.

Mieux lui vaudrait, pensons-nous, s'abstenir.

Donc, voici, à titre documentaire, pour les tératologues de l'avenir, le compte-rendu d'une interview consentie par le professeur Otswald à un rédacteur du *Dagen*, de Stockolm :

« Nous ne haïssons pas les Français. Je crois, abstraction faite des raisons de fait qui ont été les causes de la guerre, que la cause la plus profonde réside dans la crainte qu'ont nos ennemis de la force inouïe avec laquelle l'Allemagne a su jusqu'ici réaliser sa grande pensée organisatrice, pensée que l'Allemagne se propose, précisément par cette guerre, de réaliser dans une plus forte mesure qu'auparavant. On parle du militarisme allemand ; il se pourrait, en effet, que l'hostilité que rencontre l'Allemagne dans le monde fût fondée sur le développement du militarisme allemand ; mais c'est justement ce militarisme qui constitue l'une des expressions les plus puissantes de la force organisatrice de l'Allemagne. *Or, l'Allemagne, grâce à sa faculté d'organisation, a atteint une étape de civilisation plus élevée que les autres peuples. La guerre, un jour, les fera participer, sous la forme de cette organisation, à une civilisation plus élevée. Parmi nos ennemis, les Russes, en somme, en sont encore à la période de la horde, alors que les Français et les Anglais ont atteint le degré de développement culturel que nous-mêmes avons quitté, il y a plus de cinquante ans.* Cette étape est celle de l'individualisme. Mais, au-dessus de cette étape, se trouve l'étape de l'organisation. Voilà où en est l'Allemagne aujourd'hui.

« *Vous me demandez ce que veut l'Allemagne? Eh bien, l'Allemagne veut organiser l'Europe, car l'Europe jusqu'ici n'a pas été organisée.* L'Allemagne veut s'engager dans une voie nouvelle pour réaliser l'idée du travail collectif. Comment l'Allemagne se propose-t-elle de réaliser ses projets d'organisation à l'ouest? Elle exigera que les Allemands et les Français soient accueillis dans les deux pays respectifs ; qu'on leur permette de travailler et d'acquérir des biens exactement dans les mêmes conditions que les habitants du pays même ; à l'est, l'Allemagne créera une confédération d'Etats, une sorte de confédération Baltique, qui comprendrait les Etats scandinaves, la Finlande et les provinces baltiques. Finalement on arrachera la Pologne à la Russie et on en fera un nouvel Etat indépendant. Je crois le moment venu de remanier la carte de l'Europe. »

Le journaliste demanda :

« — Vous avez, Monsieur Ostwald, avec un grand nombre d'autres sommités scientifiques allemandes, engagé votre honneur en prétendant que l'Allemagne n'a pas violé le droit de la Belgique puisque ce pays, par ses agissements antérieurs, avait déjà perdu tout droit à la neutralité garantie? Vous nous avez affirmé qu'il existe des preuves à cet égard. Or, quelles sont ces preuves absolument irréfutables?

« *Le professeur Ostwald.* — Vous les connaissez sans doute déjà. Vous savez certainement que des officiers du génie français ont inspecté, avant le commencement de la guerre, les fortifications belges et qu'ils ont enseigné aux Belges à se servir du matériel de l'artillerie de forteresse.

« D. — C'est-à-dire qu'on l'a prétendu.

Extrait du *Simplicissimus*.

Les Présidentes. — Révérendissime Père Filuzius, n'êtes-vous point révolté qu'en notre sainte ville, on rencontre maintenant des femmes avec des bas à jour?

Le Père. — Chères sœurs du " *Scapulaire Bleu* ", combien vous avez raison ! ceci est condamnable provocation au désir charnel, car la vue de la chair humaine agit même sur les âmes fortes et peut les inciter au crime.

« R. — Le fait est certain. Vous savez également que les documents découverts à Bruxelles ont révélé l'existence des négociations qui ne rentrent pas dans le cadre de ce que peut se permettre un Etat dont la neutralité a été garantie et à qui, par conséquent, il est interdit de commencer une guerre. Sans parler de l'orientation des sympathies belges, nous pouvons nous en tenir, pour la forme, aux déclarations faites par le chancelier de l'Empire devant le Reichstag et selon lesquelles notre invasion en Belgique n'a été qu'une légitime défense de notre part. C'est là un fait qu'on put constater. Depuis, nous avons trouvé des preuves établissant la culpabilité de la Belgique.

« D. — Que pensez-vous du rôle de plus en plus marqué que jouent les différentes Eglises dans les pays qui ont eu à souffrir jusqu'ici de l'invasion?

« R.— C'est là une conséquence qu'il n'a pas été possible d'éviter. La situation présente évoque nécessairement dans bien des domaines les instincts ataviques. *Je dirai cependant que Dieu le Père est réservé chez nous à l'usage personnel de l'empereur* (sic). Une fois, on a parlé de lui dans un rapport du grand état-major général ; mais, remarquez-le bien, il n'y a plus reparu.

« D. -- Quel est le but de votre visite en Suède?

« R. — Les savants qui ont signé le manifeste sont en train de constituer une organisation de propagande dans le but de défendre la culture allemande contre les attaques de nos ennemis. J'ai cru devoir venir en Suède afin de chercher à décider, au nom de ce comité, quelques personnalités de marque à visiter l'Allemagne pour se rendre compte que même pendant la tourmente actuelle nous continuons à poursuivre dans tous les domaines nos travaux intellectuels. Voilà pourquoi je suis ici. L'Allemagne, pour beaucoup de Suédois, c'est Berlin ; mais, en réalité, il est tout aussi juste de dire que l'Allemagne est tout autant le contraire, Munich par exemple. Qu'entendez-vous ici par notre « terrible militarisme ?»

Est-ce que les autres grandes puissances n'ont rien d'analogue? *Au surplus, ce militarisme nous va très bien.* Aucun pays, si ce n'est la Hollande, n'a recueilli autant de prix Nobel que nous. Je vais maintenant vous expliquer le grand secret de l'Allemagne.

« — Nous, ou peut-être plutôt la race germanique, avons découvert « le facteur de l'organisation ». Les autres peuples vivent encore sous le régime de l'individualisme, alors que nous sommes sous celui de l'organisation. Chez nous, tout tend à tirer de chaque individu un maximum de rendement dans le sens qui est le plus favorable pour la société. C'est là, pour nous, la liberté sous sa forme la plus élevée, c'est-à-dire la liberté qui sauvegarde toutes les forces en les faisant concourir à un même but.

« D. Et quel est ce but? Est-ce de conquérir le monde entier dès que cette organisation sera assez forte?

« R. Non, nous n'allons rien conquérir. Vous savez que je suis un pacifiste et un internationaliste. Je ne saurais donc approuver un programme de conquêtes. En France, nous allons conquérir le droit de concurrencer librement les Français, c'est-à-dire, entre autres choses, le droit d'acquérir et de posséder des terrains, etc.

« D. Les Français auront-ils le même droit chez vous?

« R. Parfaitement ; seulement, vu notre immense force d'expansion, l'organisation de notre coopération et de nos échanges sera si forte, nous profiterons tellement de ce droit d'acquérir et de commercer avec nos voisins, que la guerre deviendra impossible à l'avenir. C'est sous cette forme-là que nous envisageons la conquête.

***

Mais toutes ces folies romantiques demandaient une consécration quasi officielle. Elle nous fut donnée par ce fameux manifeste des intellectuels allemands qui a cloué à tout jamais ceux-ci au pilori de l'histoire.

Il avait sa place ici, car il importe qu'un monument de cet ordre architectural ne risque point de disparaître avec le feuillet de journal qui le mit sous les yeux du lecteur. Voici donc ce chef-d'œuvre :

« En qualité de représentants de la science et de l'art allemands, nous, soussignés, protestons solennellement devant le monde civilisé contre les mensonges et les calomnies dont nos ennemis tentent de salir la juste et bonne cause de l'Allemagne, dans la terrible lutte qui nous a été imposée et qui ne menace rien de moins que notre existence. La marche des événements s'est chargée de réfuter cette propagande mensongère, qui n'annonçait que des défaites allemandes. Mais on n'en travaille qu'avec plus d'ardeur à dénaturer la vérité et à nous rendre odieux. C'est contre ces machinations que nous protestons à haute voix, et cette voix est la voix de la vérité.

« *Il n'est pas vrai* que l'Allemagne ait provoqué cette guerre. Ni le peuple, ni le gouvernement, ni l'empereur allemands ne l'ont voulue. Jusqu'au dernier moment, jusqu'aux limites du possible, l'Allemagne a lutté pour le maintien de la paix. Le monde entier n'a qu'à juger d'après les preuves que lui fournissent les documents authentiques. Maintes fois, pendant son règne de vingt-six ans, Guillaume II a sauvegardé la paix, fait que maintes fois nos ennemis mêmes ont reconnu. Ils oublient que cet empereur, qu'ils osent comparer à Attila, a été pendant de longues années l'objet de leurs railleries provoquées par son amour inébranlable de la paix. Ce n'est qu'au moment où il fut menacé d'abord et attaqué ensuite par trois grandes puissances en embuscade, que notre peuple s'est levé comme un seul homme.

« *Il n'est pas vrai* que nous ayons violé criminellement la neutralité de la Belgique. Nous avons la preuve irrécusable que la France et l'Angleterre, sûres de la connivence de la Belgique, étaient résolues à violer elles-mêmes cette neutralité. De la part de notre patrie, c'eût été commettre un suicide que de ne pas prendre les devants.

« *Il n'est pas vrai* que nos soldats aient porté atteinte à la vie ou aux biens d'un seul citoyen belge sans y avoir été forcés par la dure nécessité d'une défense légitime. Car, en dépit de nos avertissements, la population n'a cessé de tirer traîtreusement sur nos troupes, a mutilé des blessés et a égorgé des médecins dans l'exercice de leur profession charitable. On ne saurait commettre d'infamie plus grande que de passer sous silence les atrocités de ces assassins et d'imputer à crime aux Allemands la juste punition qu'ils se sont vus forcés d'infliger à des bandits.

« *Il n'est pas vrai* que nos troupes aient brutalement détruit Louvain. Perfidement assaillies dans leurs cantonnements par une population en fureur, elles ont dû, bien à contre-cœur, user de représailles et canonner une partie de la ville. La plus grande partie de Louvain est restée intacte. Le célèbre Hôtel de ville est entièrement conservé ; au péril de leur vie, nos soldats l'ont protégé contre les flammes. — Si dans cette guerre terrible des œuvres d'art ont été détruites ou l'étaient un jour, voilà ce que tout Allemand déplorera certainement. Tout en contestant d'être inférieurs à aucune autre nation dans notre amour de l'art, nous refusons énergiquement d'acheter la conservation d'une œuvre d'art au prix d'une défaite de nos armes.

« *Il n'est pas vrai* que nous fassions la guerre au mépris du droit des gens. Nos soldats ne commettent ni actes d'indiscipline ni cruautés. En revanche, dans l'est de notre patrie, la terre boit le sang des femmes et des enfants massacrés par les hordes russes, et sur les champs de bataille de l'Oise, les projectiles dum-dum de nos adversaires déchirent les poitrines de nos braves soldats. Ceux qui s'allient aux Russes et aux Serbes, et qui ne craignent pas d'exciter des Mongols et des nègres contre la race blanche, — offrant ainsi au monde civilisé le spectacle le plus honteux qu'on puisse imaginer, — sont certainement les derniers qui aient le droit de prétendre au rôle de défenseurs de la civilisation européenne.

« *Il n'est pas vrai* que la lutte contre ce qu'on appelle notre militarisme ne soit pas dirigée contre notre culture, comme le prétendent nos hypocrites ennemis. Sans notre militarisme, notre civilisation serait anéantie depuis longtemps. C'est pour la protéger que ce militarisme est né dans notre pays, exposé comme nul autre à des invasions qui se sont renouvelées de siècle en siècle. L'armée allemande et le peuple allemand ne font qu'un. C'est dans ce sentiment d'union que fraternisent aujourd'hui des millions d'habitants sans distinction de culture, de classe, ni de parti.

« Le mensonge est l'arme empoisonnée que nous ne pouvons arracher des mains de nos ennemis. Nous ne pouvons que déclarer à haute voix devant le monde entier qu'ils rendent faux témoignage contre nous. A vous qui nous connaissez et qui avez été, comme nous, les gardiens des biens les plus précieux de l'humanité, nous crions :

« Croyez-nous ! Croyez que dans cette lutte nous irons jusqu'au bout, en peuple civilisé, en peuple auquel l'héritage d'un Gœthe, d'un Beethoven et d'un Kant est aussi sacré que son sol et son foyer. Nous vous en répondons sur notre nom et sur notre honneur. »

Cet appel est signé des noms les plus illustres de l'Allemagne artiste et savante. Ne pouvant les donner tous, nous citons ceux qui sont le plus connus.

« Wilhelm von Bode, directeur général des musées royaux de Berlin ; Lujo Brentano, professeur d'économie politique, Munich ; Franz von Defregger, Munich ; Richard Dehmel, Hambourg ; Adolf Deissmann, professeur de théologie protestante, Berlin ; Rudolf Eucken, professeur de philosophie, Iéna ; Ludwig Fulda, Berlin ; Ernst Hæckel, professeur de zoologie, Iéna ; professeur Adolf von Harnack, directeur de la Bibliot. royale, Berlin ; Gerhart Hauptmann, Agnetendorf ; Max Klinger, Leipzig ; Paul Laban, professeur de droit, Strasbourg ; Karl Lamprecht, professeur d'histoire,

Leipzig ; Max Liebermann, Berlin ; Franz von Liszt, professeur de droit, Berlin ; Heinrich Morf, professeur de philologie romane, Berlin ; Friedrich Naumann, Berlin ; Walter Nernst, professeur de physique, Berlin ; Wilhelm Ostwald, professeur de chimie, Leipzig ; Max Planck, professeur de physique, Berlin ; Wilhelm Rœntgen, professeur de physique, Munich ; Gustav von Schmoller, professeur d'économie politique, Berlin ; Martin Sphan, professeur d'histoire, Strasbourg ; Franz von Stuck, Munich ; Hermann Sudermann Berlin ; Hans Thoma, Karlsruhe ; Wilhelm Trübner, Karlsruhe ; Siegfried Wagner, Bayreuth ; Félix von Weintgartner ; Wilhelm Windelband, professeur de philosophie, Heidelberg ; Wilhelm Wundt, professeur de philosophie, Leipzig.

Cette infamie a déjà fait couler trop d'encre. Nous n'insisterons donc point sur elle, préférant citer en passant ce qu'un professeur de l'Université de Berlin confiait, en 1914 à M. Georges Blondel :

« La vie de l'esprit est à moitié morte en Allemagne, les hautes spéculations, n'intéressent plus du tout la jeunesse. La science elle-même est à tel point étouffée par la recherche des applications pratiques qu'on peut se demander si le positivisme scientifique dont nous sommes fiers ne finira pas par tarir la source même à laquelle il doit s'alimenter. »

Et le professeur Félix Dalm, déplorant les tartarinades tout à fait exaspérantes de ses compatriotes, écrivait à peu près à la même époque :

« Nous crions trop victoire, nous poussons trop de hourras, nous faisons trop de tam-tam autour de notre gloire, nous célébrons trop de fêtes ! Jadis, nous conduisions autrement notre jeu ; nous parlions peu, nous agissions beaucoup, et cette manière était la meilleure. »

Que le professeur Dalm se console. Ils ont *agi* depuis !...

Mais il n'est pas que l'École de Droit ou la Faculté. L'instituteur, dans les événements d'aujourd'hui, a aussi sa part de responsabilité. Élevé à la schlague, apprenant de bonne heure à mépriser la nature, discipliné jusque dans ses jeux, voici comment Gœthe décrit le sort de l'enfant allemand « jeune sans jeunesse ! »

« Ce qui distingue les Anglais, c'est d'avoir le courage d'être tels que la nature les a faits. Il n'y a en eux rien de faussé, rien de caché, rien d'incomplet et de louche; tels qu'ils sont, ce sont toujours des êtres complets... Le bonheur de la liberté individuelle, la conscience qu'ils ont du nom anglais et de son importance chez les autres nations fait déjà du bien aux enfants; dans leur famille, aussi bien que dans les établissements d'éducation, on les traite avec bien plus de considération, et leur développement est bien plus libre et plus heureux que chez nous, Allemands.

« Dans notre cher Weimar, je n'ai qu'à me mettre à la fenêtre pour voir ce qui en est chez nous. Quand dernièrement il est tombé de la neige, les enfants du voisinage voulaient essayer leurs petits traîneaux ; aussitôt est venu un homme de la police, et j'ai vu les pauvres petits se sauver à toutes jambes. Maintenant, le soleil du printemps les attire hors des maisons, ils aimeraient bien jouer avec leurs camarades devant leurs portes, mais je vois qu'ils sont gênés, ils manquent de sécurité : ils semblent craindre toujours l'arrivée d'un représentant de la police.

« Un gamin ne peut pas faire claquer son fouet, ou chanter, ou appeler, aussitôt voilà la police qui arrive pour l'en empêcher. Tout, chez nous, concourt à discipliner de bonne heure nos chers enfants et à faire envoler tout naturel, toute originalité, toute fougue ; aussi, à la fin, il ne reste plus rien que le Philistin. Vous savez qu'il n'y a guère de jour où je ne reçoive la visite de quelque étranger qui passe par Weimar.

« Si je disais que j'éprouve grand plaisir à voir les Allemands, surtout les jeunes savants qui viennent d'un certain pays du Nord-Est (*la Prusse*), je mentirais. La vue basse, le teint pâli, la poitrine affaissée, jeunes sans jeunesse, voilà le portrait de la plupart de ceux qui se présentent. Et lorsque je me mets à converser avec eux, je vois tout de suite que ce qui nous plaît leur semble trivial et de nulle valeur. »

(Conversations de Gœthe recueillies par Eckermann.)

Extrait du *Simplicissimus*.

Agréable kermesse.

IV

LA PRESSE

Comment se fait l'opinion. — Le « fonds des reptiles ». — La presse domestiquée par le gouvernement. — Un exemple de la presse allemande : la campagne contre la Légion. — La fantastique histoire du légionnaire Hans Muller. — « La France doit être marquée au fer rouge ! » assure le « Metzer Zeitung ». — Comment on utilise des faux. — Une déclaration de Maximilien Harden. — De Bismarck à l'Agence Wolf. — Les pieds dans le plat.

Herr Wutke, professeur de l'Université de Leipzig, dans son livre intitulé : *Les Journaux allemands et comment se forme l'opinion publique*, va nous renseigner sur la façon dont les Allemands comprennent la liberté de la presse. L'agence Wolf a ses lettres de noblesse :

« Des rivages de la Baltique jusqu'aux bords du Neckar, il n'est personne qui n'ait ouï parler du fameux Bureau central de la Presse qui fut fondé à Berlin, sous le ministère de M. Manteuffel. Il a été organisé, paraît-il, sur un plan admirable et l'outillage n'en laisse rien à désirer. Ce Bureau de la Presse, vaste usine où se fabriquent les opinions utiles pour l'importation et l'exportation, vit s'accroître singulièrement ses ressources, sa prospérité, son influence, par l'allocation qui lui fut faite d'une partie des biens confisqués sur le roi de Hanovre et l'électeur de Hesse. Ce fonds considérable, mis à sa disposition, fut baptisé du nom de *Reptilien-*

fond, le fonds des reptiles... Par une métaphore analogue, on disait que les journalistes qui accouraient au grand Bureau pour y chercher des instructions y venaient prendre des bains de boue (*Schlammbæder*). »

Comme les boues de Dax, il paraîtrait que ces bains avaient sur la constitution de ceux qui en usaient une action des plus efficaces, — ils engraissaient à vue d'œil.

Aussi, M. Windshorst put-il faire un jour la déclaration suivante en plein Reichstag allemand :

« J'affirme que, non seulement en Prusse, un nombre considérable de journaux sont rédigés directement par le gouvernement, mais que dans beaucoup d'endroits de l'Allemagne il existe d'autres journaux qui sont écrits ici, à Berlin, pour le compte du ministère. J'affirme, de plus, qu'avec un nombre beaucoup plus considérable d'autres feuilles, en Prusse et hors de Prusse, un accord a été conclu moyennant lequel certaines colonnes de ces feuilles doivent être ouvertes aux communications du Bureau de la Presse.

« Quiconque lit avec quelque attention la *Gazette d'Augsbourg* et la *Gazette de Cologne* reconnaîtra sans peine que certains chiffres et certains signes y représentent la signature des gens attachés à ce Bureau.

« L'action secrète du fonds des reptiles se fait sentir jusque dans les pays étrangers... »

« Il le faut bien ! N'est-ce pas von der Goltz qui, dans sa *Nation armée*, déclare :

« Coûte que coûte, il faut donner aux entreprises militaires bel air et bonne apparence. *Ce n'est pas tout d'être fort, il faut paraître avoir raison.* »

Evidemment. Par malheur, les gazettes des pays neutres ne marchent plus, ou s'il en est encore qui marchent, cela est un peu cher pour la cassette impériale.

Le servilisme et la vénalité de la plupart des journaux d'outre-Rhin était un fait patent et notoire. Depuis longtemps, de nombreuses révélations avaient éclairé l'opinion publique à ce sujet. Mais on aurait dit qu'à la veille de la tragique leçon que les troupes alliées ne devaient pas tarder à lui donner, l'Allemagne tenait à se déshonorer à tout jamais et à entraîner la presse allemande dans sa banqueroute morale.

La campagne contre notre Légion étrangère est d'hier. Le gouvernement prussien la voulait.

« Le général von Heeringen, ministre de la Guerre, ne s'écriait-il pas, en effet, à la tribune même du Reichstag, le 25 février 1911 : « Nous aussi, nous voudrions renseigner le peuple sur ce qui se passe à la Légion étrangère, mais il faut, avant tout, que nous soyons soutenu par notre presse. »

Les journalistes n'avaient plus qu'à marcher. La meute donna de la voix avec un merveilleux ensemble.

Un journaliste français, M. Hubert Jacques, a stigmatisé, comme il convient, dans son livre d'une rigoureuse documentation sur l'*Allemagne et la Légion*, cette campagne infâme.

« Il n'est pas, observe-t-il tout d'abord, de mensonges absurdes, d'histoires forgées de toutes pièces, de faux mêmes, que n'ait inventés ou commis la presse allemande. Pendant des mois entiers, tous nos journaux ont reproduit, presque quotidiennement, quelques-unes de ces attaques innommables, choisissant de temps à autre une accusation plus particulièrement odieuse, un fait plus outrageusement mensonger. Ainsi, le public français a pu se faire une idée de la mentalité de certains milieux allemands. Bien mieux que toutes les dissertations, ces simples extraits ont su nous montrer jusqu'où pouvait aller l'impudence germanique et combien se leurrent les sophistes qui s'évertuent à nous expliquer les prétendues affinités des cerveaux français et allemands. »

C'est d'abord la fantastique histoire du légionnaire Hans Muller lancée à la date du 2 juillet 1913 par le *Mercure de Souabe* et reprise par la presse allemande entière.

« Un légionnaire allemand de seize ans, disait-elle, blessé pendant une manœuvre aux environs d'Oran, incapable de rejoindre son corps, fut porté déserteur, puis arrêté et finalement traduit devant un Conseil de guerre qui le condamna à mort.

« Cependant, sur l'intervention des parents, le Président de la République gracia le condamné. Malgré la grâce présidentielle, le légionnaire allemand fut arraché à l'infirmerie où il était en traitement pour sa blessure et « porté » au poteau d'exécution. Là, on le fusilla froidement *en présence de ses parents* qui arrivèrent juste à temps pour le voir tomber sous les balles françaises. »

« Peut-on concevoir, observe judicieusement M. Hubert Jacques, quelque chose de plus puéril? Peut-on porter au sens commun un plus outrageant défi? Et cependant, la presse allemande, tout entière, a reproduit cette information autour de laquelle a été menée une campagne de plusieurs mois !

« Oui ! cette sottise a pu être colportée impunément partout. Et à lire ces choses, on ne sait ce qu'il convient d'admirer le plus : l'inconscience des journalistes ou la crédulité des lecteurs.

« S'imagine-t-on ce soldat, abandonné « aux portes d'Oran » pendant une marche et considéré, de ce fait, comme déserteur ! Puis, condamné à mort, arraché de son lit d'hôpital pour être « porté » au poteau d'exécution et « froidement » fusillé malgré la grâce du Président de la République, en présence de ses parents arrivés « juste à temps » pour le voir tomber sous les balles françaises ! ! ! »

Le *Berliner Zeitung am Mittag*, le *Deutsche Tageszeitung*, le *Morgenpost*, le *Tægliche Rundschau* et la *Gazette de Voss* faisaient retomber les responsabilités de ce fait sur le colonel Pierron, dans la garnison duquel ne résidait en aucune façon Hans Muller.

Une enquête, des plus serrées, révéla que si un légionnaire du

LE LÉGIONNAIRE (MADE IN GERMANY)

Extrait du *Simplicissimus*.

LE COLONEL. — En présence de nos besoins en Afrique, nous abandonnons la lutte contre les importations d'Allemagne. Ici, la solide marchandise allemande est celle qui nous est la plus précieuse...

nom de Muller avait été condamné à mort le 12 septembre 1910, ce n'était point à Oran mais bien à Oudja et cela « *pour désertion de son poste devant l'ennemi et pour avoir provoqué et entraîné plusieurs de ses camarades dans sa désertion.* » La désertion s'était produite dans l'expédition menée contre les Beni-bou-Yahi. La condamnation était légale et régulière, le crime commis étant prévu par les articles 238 et 241 du Code de justice militaire français.

Cela n'empêchait point la *Metzer Zeitung* d'écrire :

« La France doit être *marquée au fer rouge* devant l'univers civilisé, car, en présence de l'odieux acte de barbarie commis par un de ses officiers, elle n'a trouvé rien de mieux que de lui donner de l'avancement. »

Et les *Dernières Nouvelles de Munich* ajoutaient :

« Cela ne saurait durer. Les nationaux des puissances étrangères ne sont pas là pour mourir au bagne en l'honneur de la France. L'opinion publique du monde entier sera bien forcée de protester unanimement contre cet état de choses. »

J'ai bien peur que « l'opinion publique du monde entier » fasse comparaître, sans tarder, et pour des faits autrement graves et contrôlés, les sinistres tartufes qui ont mis l'Europe à feu et à sang.

L'épilogue de l'affaire Hans Muller nous fut donné, en octobre 1913 :

« Hans Muller, n'était pas Allemand ; il n'était même pas Suisse (comme auraient pu le faire croire des papiers produits, d'après lesquels il serait né à Zurich) : il était Français. Ses parents habitent à Levallois-Perret. Ils s'appellent... Le nom tremble au bout de ma plume : je ne l'écrirai pas, par pitié pour les vivants qui ne sauraient être tenus responsables du mort. Mais ils ont reçu une lettre de leur fils, lettre écrite la veille de l'exécution et qui disait : « *Je sais que demain je vais être fusillé, et c'est justice. J'ai* « *mérité mon châtiment. Je vous demande pardon. Oubliez-moi.* »

« L'original de la lettre a été conservé par le colonel commandant le 1er étranger et une copie en a été envoyée aux parents, ainsi qu'au ministre de la guerre.

« Est-ce que le *Mercure de Souabe* et la *Morgenpost*, pratiquant la plus vulgaire des honnêtetés, diront un jour cela à leurs lecteurs? »

C'était bien mal connaître les us et coutumes de la presse allemande qui, malgré ce qu'en pense le lourd pamphlétaire qu'est M. Maximilien Harden,est bien trop caporalisée pour cela.

Ce fut une autre fois le tour de la *Gazette de Voss*. Dans son numéro du 8 août 1913, ce journal particulièrement francophobe affirmait que :

« Deux légionnaires allemands, Paul Friedrich, saxon, et Alfred Possel, bavarois, avaient été fusillés pour avoir chanté la *Garde au Rhin*, et un autre légionnaire, Alfred von Zeitel, — toujours allemand — avait été, pour ce même motif, dépouillé de ses vêtements, ligoté et laissé étendu sur le sable brûlant en plein soleil.»

Or l'on n'eut pas de peine à prouver que depuis six années, pas un Conseil de guerre n'avait condamné à mort un légionnaire en Oranie et qu'Alfred von Zeitel n'avait jamais existé....

Quelque temps auparavant, cependant, au sujet de l'engagement à la légion du bourgmestre d'Usedom, M. Tromel, la même presse allemande s'attira la fâcheuse réponse suivante :

« Entré dans la Légion étrangère, à Saïda, je déclare qu'il me plaît ici très bien (*sic*) et pour cela je ne veux pas retourner en Allemagne. Je veux tout volontairement (*sic*) rester dans la Légion. »

Signé : TROMEL, alias TUNZE.

La mauvaise foi ne suffisant pas, la presse allemande en arriva à fabriquer des faux.

Tel est le cas, d'abord, de la prétendue lettre qu'un certain

Max Simon, âgé de dix-neuf ans, aurait adressée à ses parents habitant Mengeaberg, en Westphalie. Cette lettre fut même communiquée par les autorités locales de Mengeaberg à l'Office des Affaires étrangère à Berlin. La voici :

« Chers parents,

« Je vous demande mille pardons de ce que j'ai fait. A quatre reprises différentes, j'ai essayé de m'évader de la Légion étrangère où je m'étais réfugié sans que vous le sachiez. Demain matin, à 7 heures 30, j'aurai fermé les yeux pour toujours, car je suis condamné à être fusillé par mes propres compatriotes (*sic*). Je vous envoie une dernière salutation.

« Votre fils ingrat :

« Max SIMON »

Toute la presse pangermaniste reproduisit cette lettre. Il fut prouvé par Simon lui-même, qui se trouvait en parfaite santé à Bel-Abbès, qu'il ne l'avait jamais écrite. « Il faudrait », déclara-t-il littéralement : que je sois fou. »

Ce n'est pas tout. En fin mars 1914, le *Wiesbadener Zeitung* publiait, avec un grand luxe de manchettes à effet, des « documents secrets sur la Légion étrangère ». Parmi ces « documents » se trouvait le suivant :

SYSTEME DE RECRUTEMENT

Très secret !

I. A. N. I. Lég. étr., 121-1912.

« Sidi-bel-Abbès, 28 avril 1912.

« A M. Jules Bastiany, Nancy, faubourg Saint-Georges, 5.

« En vertu d'un ordre du Ministre de la Guerre, relatif aux agents spéciaux, je vous envoie cinq personnes, que je considère comme très sûres et sobres.

« D'après la communication du Ministre, elles conviendraient pour la région de Metz.

« Elles sont pourvues d'une carte d'identité et arriveront à Nancy du 12 au 15 mai.

« Je vous salue.

« Colonel BAVOUZET,

du 1er régiment étranger. »

CHOIX DES RACOLEURS

Secret !

« Au Colonel du 1er étranger, Bel-Abbès.

« En possession de la liste d'agents que vous m'avez communiquée, je vous fais observer qu'il faut choisir des hommes ayant leur retraite.

« J'appelle encore votre attention sur ce point : les Alsaciens qui possèdent parfaitement le français et l'allemand conviennent particulièrement pour cette besogne.

« Il faut des personnes sûres et sobres.

« Pour des sous-officiers retraités, ce serait une belle occupation que de recruter des légionnaires pour l'honneur de la République.

« Le terrain principal où doit porter cette campagne est et demeure l'Alsace-Lorraine.

« J'attends de vous des nouvelles régulières et demeure, etc.

Paris, le 26 avril 1912.

Pour le Ministre de la Guerre :

Charles BRASSARD

Chef du Cabinet particulier.

Le colonel Maquard, camarade du colonel Bavouzet, nommé depuis chef d'État-major au 19e corps d'armée, à Alger, crut devoir lui signaler cette publication.

Il reçut, en réponse, la lettre suivante :

RÉPUBLIQUE FRANÇAISE

« 19e Corps d'armée

« Le Chef d'État-major.

« Alger, 23 mars 1914,

« Mon cher camarade,

« J'ai l'honneur de vous renvoyer les copies des documents publiés par la *Wiesbadener Zeitung*, au sujet du prétendu racolage des légionnaires.

« Comme vous le supposez, ils ont été fabriqués de toutes pièces par des Allemands mal renseignés.

« Le style qu'ils attribuent au pseudo-chef du Cabinet particulier du Ministre et à moi-même trahit suffisamment la nationalité du faussaire.

En outre, aux dates des 26 et 28 avril 1912, je n'étais même pas à Sidi-bel-Abbès, mais au Maroc oriental, sur les bords de la Moulouya, en face de la harka des Beni-Ouraïne et des Haourra.

Est-il nécessaire de vous dire qu'à aucune époque la Légion étrangère n'a eu besoin de racoleurs choisis parmi les légionnaires retraités?

J'ai eu, néanmoins, la curiosité de faire rechercher si les cinq noms cités page 3 pouvaient être appliqués à d'anciens légionnaires.

« Les recherches faites sur les registres matricules de 1902 à nos jours ont permis de constater qu'aucun de ces guerriers n'a jamais existé au 1er étranger.

« Veuillez agréer, etc...

« BAVOUZET,

« *Ancien colonel du 1er étranger,*
Chef d'État-major du 19e corps, Alger. »

Seul Maximilien Harden eut le courage, dans la *Zukunft*, de dire ce qu'il pensait de ces procédés de polémique.

« *Chez nous,* déclara-t-il, *on travaille tellement avec des faux, qu'on finit par ne plus savoir où est la vérité.* »

Si l'on veut, maintenant, juger du ton sur lequel cette odieuse campagne fut menée, qu'on en juge par les deux placards suivants relevés à cette époque sur les murs de Berlin.

Nous en garantissons la stricte authenticité :

« ACHAT DE VIANDE

« La grrrande nation, qui est à la tête de la civilisation, a besoin de grandes quantités de chair à canon pour sa Légion étrangère. On demande tout spécialement des déserteurs allemands.

On garantit des soins lamentables avec un traitement barbare.

Les malades considérés comme déserteurs sont abandonnés sous le soleil brûlant et fournissent aux bêtes fauves des repas savoureux.

Aucune des promesses faites aux recrues n'est tenue.

Les candidats allemands ont la perspective d'être employés dans un beau climat chaud et seront soigneusement protégés contre tout amollissement.

« Dans le cas où quelqu'un, contre toute attente, survivrait à ce service, on le conduira sans frais à la frontière, où il recevra un coup de pied dans le derrière comme règlement.

« Les imbéciles doivent s'adresser aussitôt que possible à Marianne, la France, première nation ! »

IMPÉRIAL-BIOGRAPH

Sensationnel ! **Sensationnel !**

AVERTISSEMENT A NOTRE JEUNESSE

LES VICTIMES DE LA LÉGION ÉTRANGÈRE

Parents, Patrons, Sociétés !

Ne manquez pas d'assister à ce drame émouvant en quatre actes.

Les horreurs de la Légion étrangère

Lisez les comptes rendus que la Presse a consacrés à ce film consciencieusement établi d'après une histoire vraie.

« BREF RESUME. — Deux amis, Hans, fils d'un magistrat, et Willy, fils d'une blanchisseuse, s'étant rendus coupables d'indélicatesses, quittent leur pays natal.

Après de pénibles pérégrinations et des privations nombreuses, ils parviennent à la frontière française où un racoleur les observe, les enivre et les fait incorporer à la Légion.

Une autre vie commence alors pour eux : aventures, privations et mauvais traitements sans fin. Willy meurt après avoir bu l'eau empoisonnée d'une oasis, et Hans, qui tombe épuisé près de la dernière demeure de son camarade, est arrêté par les Bédouins qui ramènent le déserteur à la garnison, contre une récompense de 20 francs.

Après une longue maladie, on le fusille, comme tant d'autres de ses camarades. Ses parents, qui en avaient été avisés, arrivent trop tard.

« Acteurs :

Ferd. GEORG, ancien légionnaire au 3e régiment étranger.
A. SERRENBERG, ancien légionnaire au 1er régiment étranger.

Que penser d'une presse qui marche à la remorque de *cela*?

Que penser d'une *National Zeitung* publiant l'interview suivante de M. Gothein, député progressiste au Reichstag :

« La Légion étrangère, dit-il, est en contradiction avec toutes les lois de la morale et de l'humanité : il importerait de la soumettre à une législation internationale destinée à combattre cette institution au même titre que la traite des blanches et la traite des noirs? »

Que penser du *Hamburger Fremdenblatt* qui, prenant texte d'une conférence faite par un certain Mertinot, se disant ancien légionnaire, ose écrire sans craindre le moindre démenti :

« Les révélations faites par ce légionnaire sont tellement atroces qu'on aurait peine à les croire, si l'authenticité de ces récits n'était pas garantie par certaines personnalités, notamment par le prince héritier d'Allemagne. »

Il ne nous manquait plus que le Kronprinz dans l'affaire. Brûlons du sucre, voulez-vous?

Ainsi finit cette campagne de presse laborieuse et stupide.

La presse allemande avait reculé les limites du déshonneur. De Bismarck à la campagne contre la Légion, son servilisme n'avait fait que croître et embellir. Elle était mûre pour un plus complet esclavage, si possible : *elle analyse maintenant les télégrammes de l'agence Wolff* durant qu'un de ses tenants les plus autorisés mettait victorieusement les pieds dans le plat, au grand dam d'un de ces entrepreneurs de mensonge.

« Renonçons, écrivait-il récemment dans la *Zukunft*, à nos misérables efforts pour excuser l'action de l'Allemagne; cessons de déverser de méprisables injures sur l'ennemi. *Ce n'est pas contre notre volonté que nous nous sommes jetés dans cette aventure gigantesque. Elle ne nous a pas été imposée par surprise. Nous l'avons voulue, nous devions la vouloir.* Nous ne comparaissons pas devant le tribunal de l'Europe ; nous ne reconnaissons pas semblable juridiction.

« L'Allemagne ne fait pas cette guerre pour punir des coupables ou pour libérer des peuples opprimés et se reposer ensuite dans la conscience de sa magnanimité désintéressée. Elle la fait en raison de la conviction que ses œuvres lui donnent droit à plus de place dans le monde et à de plus larges débouchés pour son activité. « L'Espagne et les Pays-Bas, la France et l'Angleterre ont saisi, colonisé de grands territoires, les plus fertiles du monde. L'heure de l'Allemagne a maintenant sonné et elle doit prendre sa place de puissance dirigeante dans le monde. »

Quel territoire, demande M. Harden, l'Allemagne pourrait-elle prendre à la France et à la Russie qui pût être un bénéfice particulier pour le peuple allemand? « Ce que l'Allemagne veut, ce ne sont pas des provinces françaises, polonaises, ruthènes, lithuaniennes, ce ne sont pas des milliards d'indemnité. Son but est de hisser le pavillon de tempête de l'empire sur les rives de l'étroit canal qui est la porte de l'Atlantique. »

Et alors, une fois Calais conquis, M. Harden voit déjà les généraux allemands rappelant leurs armées de l'est et de l'ouest, et disant à l'ennemi :

« Vous voyez maintenant ce que peuvent faire la puissance et le génie de l'Allemagne... à l'avenir vous y réfléchirez à deux fois avant de nous attaquer. L'Allemagne ne vous demande rien de plus, pas même le remboursement de ses frais de guerre ; elle en trouvera le payement dans la terreur générale que ses victoires ont inspirée. Mais nous resterons en Belgique et nous y ajouterons

Extrait du *Simplicissimus*.

Comment ils affectaient de voir la Légion étrangère.

l'étroite bande de territoire qui prolonge sa côte jusqu'à Calais. Cela fait, nous mettrons volontairement fin à la guerre, dont nous n'avons plus rien à attendre, contents d'avoir vengé notre honneur.

« Nous retournerons aux joies du travail. La vie reprendra son cours ordinaire... »

Comme on le voit — et ainsi qu'on s'exprime vulgairement — Maximilien Harden ne se mouche pas avec les doigts.

V

LA FEMME ALLEMANDE

Où l'on voit Gretchen amoureuse de Bamboula. — La vie de famille... hebdomadaire. — Madame la capitaine Stark. — L'École des Beaux-Arts de Dusseldorf. — Galanterie germanique. — L'opinion de Bebel. — Scandales d'outre-Rhin.

Nous l'a-t-on assez ressassée, la rengaine germanique de Paris capitale du vice, Paris, Babylone moderne !... Il est entendu qu'à Berlin la pudeur est à la mode et qu'à l'instar de leur Kaiserine, piétiste bigote, des promeneuses affairées de Unter den Linden, avant que d'aller rendre visite aux musées, y font revêtir les nudités d'un chaste rideau de serge verte. Cependant nos yeux tombent sur un journal allemand qui relate le fait suivant contre lequel s'insurgèrent quelques professeurs de vertu patentés :

« On put voir, en 1909, la *Gazette de l'Allemagne du Nord* s'élever contre le goût excessif que la jeune fille allemande éprouvait pour les nègres. Voici, en effet, comment le *Hamburger Fremden Blatt* racontait le départ du vapeur *Scondia*, emmenant des Éthiopiens qui avaient donné des représentations chez le fameux dompteur Hagenbeck :

« Une vingtaine de jeunes filles étaient sur les quais, munies de cadeaux, et prirent des galants nègres un congé touchant.

Plusieurs, s'étant glissées à bord pour un dernier adieu, furent éloignées avec rudesse, mais des adresses et des photographies furent échangées et le vapeur était déjà loin que les gretchens désolées agitaient encore leurs mouchoirs. »

Depuis la mort de Werther, Charlotte a fait de sérieuses études de biologie comparée, elle n'éprouve point pour le noir la sainte terreur dont font preuve, en face de nos troupes d'Afrique, leurs pères, leurs frères et leurs fiancés.

Peut-être aussi en un pays où Ganymède, échanson des dieux, est particulièrement honoré, se vengent-elles, à leur façon, de l'indifférence à leur endroit des chevaliers de la Table Ronde.

Cette Walkure sortant toute armée de son pot à feu ou de ses pots de confitures, entretient-elle du moins cet esprit de famille qui, au dire des Allemands, reste la pierre angulaire de leur pays.

Si nous en croyons M. Jules Huret qui, dans son livre fort documenté *Rhin et Westphalie*, recueille l'opinion d'un indigène, il n'en serait rien :

« On ne peut pas dire tout à fait sérieusement qu'en Allemagne la vie de famille est plus développée qu'en France. Voyez les brasseries remplies tous les soirs par des pères de famille ayant quitté leurs femmes et leurs enfants après le souper. Peut-on appeler cela être familial? Mais le dimanche ils ne sortiront pas sans toute leur smala. *On peut donc soutenir que l'Allemand mène la vie de famille hebdomadaire.* »

La guerre nous a révélé des vertus de l'Allemande, dont nous étions loin de nous douter. Qu'une instinctive férocité fut logée chez les prussiens : cela nous le savions; mais qu'une pareille sauvagerie résidât chez les *dames* d'Outre-Rhin, allant jusqu'à conseiller le vol à ceux de leurs proches, soldats chez l'ennemi envahi, et *déménageant* elles-mêmes, à l'occasion : cela le respect que nous avons de la femme nous empêchait de le supposer.

La femme d'officier occupe dans la Prusse militarisée une situation prépondérante ; nous nous en voudrions de ne point lui faire une place dans cette galerie de portraits, d'après *Petite Garnison*, du capitaine Bilse (titre condamné en Allemagne) :

« MADAME LA CAPITAINE STARK.

« De nouveau la porte s'ouvrit et l'on vit se précipiter une dame de forte corpulence, outrageusement poudrée. Sa robe noire et jaune, trahissait par la coupe, autant que les couleurs, un manque complet de goût. La grosse dame ne fit qu'un bond jusqu'à Mme Kœnig ; elle lui pressa la main de ses gros doigts ronds, et donna libre cours à la joie que lui causait l'invitation. Aux gentlemen qui se trouvaient là, elle vint présenter sa main charnue, jusque sous le nez, de telle sorte qu'il ne leur restait d'autres ressources que de se résigner à y déposer le baiser réglementaire.

Cette grosse dame était Mme la Capitaine Stark, la dernière mariée du régiment, quoiqu'elle eût, de beaucoup, dépassé cinquante printemps... Son époux, aussi replet qu'elle-même, la suivait en se dandinant... Derrière le couple, apparut soudain la personne du colonel von Krouau...

L'année dernière, le colonel avait, par un de ses manques de tact habituels, offensé un bourgeois. Celui-ci lui envoya ses témoins. Ce que voyant, notre brave homme de colonel sentit mollir son héroïsme. Car, il est toujours très fort en paroles, mais dès qu'il faut risquer quelque chose, il fait dans ses culottes. Alors, son excellente amie, la Stark, vint trouver le pékin et lui raconta qu'elle seule était responsable de l'offense faite par le colonel. C'était elle, en effet, qui, par une histoire mensongère, en avait été cause. Bref, elle sauva ainsi la vie du bonhomme, car son adversaire, en la circonstance, est connu comme un tireur qui ne manque jamais son homme. C'est pour cela que Madame

Stark a maintenant Krouau absolument à sa discrétion, et que lorsqu'elle commande, l'autre obéit comme un caniche. Les résultats, vous les voyez tous les jours... Elle avait tiré je ne sais d'où, une vieille guimbarde. Elle installe sur le siège son ordonnance, en bottes jaunes et en chapeau haut de forme; elle attelle deux chevaux de l'escadron et... fouette cocher ! elle vient parader devant tout le monde... Et les ressorts plient quand cette énorme personne s'installe sur les coussins... Autre chose : tous les jours elle monte un cheval du régiment, et le colonel n'y trouve rien à redire, en dépit des règlements...

« — Sous-officier Meyer ! Voulez-vous, je vous prie, faire ramasser le crottin. C'est d'une cochonnerie dégoûtante ici ! Quoi? Qu'avez-vous l'air de dire? Le garde d'écurie n'est pas là? Eh bien, ramassez vous-même. Vous n'y perdrez pas une perle de votre couronne !... Allons, pas gymnastique, et apportez-moi le cahier des rapports.

« — A vos ordres, Madame.

« La capitaine Stark arpentait l'écurie à grands pas, suivie de deux grands chiens tout hérissés. Elle était vêtue d'une amazone mal ajustée d'un gris sale. Elle portait un chapeau rond. De la main droite elle tenait sa cravache qui dessinait en sifflant de nombreux cercles dans l'espace. Ses deux chiens effrayés se cachaient derrière elle. D'un regard perçant, elle inspectait tout : la litière et les étiquettes des chevaux suspendues aux boxes. Elle étudiait avec attention la note du service du jour, inscrite à la craie sur le tableau noir. Elle s'arrêta ensuite derrière les deux seuls animaux qui ne fussent pas sortis pour l'exercice. D'un œil furieux, elle examinait leur poil sale, mal étrillé. Les bêtes étaient maigres, leur croupe formait avec l'os des hanches un triangle rectiligne. Elle prit la patte de derrière de l'un des chevaux et regarda le sabot. Elle tira un carnet de la poche et écrivit : *Rémus nº 37, corne abîmée, patte de devant gauche à ferrer à neuf.*

Extrait du *Simplicissimus.*

La Présidente. — Le concours de ces puissants soutenants, que groupèrent nos soins énergiques, ne peut manquer de nous donner la victoire...

« Elle se dirigea ensuite vers le grenier à fourrage. Là, sur le tas de foin, étaient couchés les deux gardes d'écurie, plongés en un doux sommeil. Ils ne remarquèrent pas l'entrée de la mère de l'escadron. Furieuse, elle interpella les malheureux réveillés en sursaut :

« — Tas de rosses ! Fichez-moi le camp à la besogne... où je vais vous secouer, tas de propres à rien !... »

Portrait réjouissant s'il en fut, n'est-il pas vrai ?

Et des « officières » ainsi campées, il y en avait partout en Allemagne. Le type abondait.

Charmantes dames!

***

Où la pudeur, toutefois, ne perd pas ses droits :

« On ne permet pas, assure M. Jules Huret, à l'Ecole des Beaux-Arts de Dusseldorf, aux femmes de poser pour le nu.

C'est un homme qui pose les Chloés novices, les Suzannes au bain, les Nymphes surprises, les Bacchantes débraillées et les Maternités sereines.

« Pour l'expliquer on dit :

« — Il est un peu maigre. Il a des gestes de femme.

« Un professeur avouait l'autre jour :

« — C'est encore Un tel *le meilleur modèle féminin*.

***

Voilà qui est pour remplir d'aise les censeurs d'outre-Rhin, — pays où la galanterie est encore en jachère, si, toutefois, on s'en rapporte à cette légende d'Oberlander, le grand satiriste des mœurs germaniques.

Il s'agit d'un mari offrant une chope à son auguste moitié :

« — Tiens, Marguerite, tu peux boire ma bière : elle est chaude et je vais en demander de la plus fraîche. »

Extrait du *Simplicissimus*.

LA DAME. — Dites, Herr Professor, comment en êtes-vous venu à me choisir pour servir de modèle de Salomé ?

LE PEINTRE. — Il m'a fallu, à la fois, obéir au règlement officiel et me soumettre à l'avis de mon épouse qui trouvent égal inconvénient à ce qu'une femme pose pour le nu...

LA DAME. — Alors je ne suis pas? fem....

LE PEINTRE. — Vous l'êtes trop.

Les naïfs, cependant, ne se lassent point de chanter le los emphatique de la Gretchen cuisinière et déformée par les travaux ancillaires. Avec quelle complaisance Bebel, après Gerhard d'Amyntor, s'y emploie !

« Ce ne sont pas, dit-il, les événements les plus terribles à l'abri desquels nul ne saurait être — la mort du mari, la ruine morale d'un enfant bien-aimé, une longue et cruelle maladie, l'écroulement d'un projet chèrement caressé — qui détruisent chez la mère de famille tout ce qu'elle a de fraîcheur et de force, mais bien les petits soucis chaque jour renouvelés, et qui la consument jusque dans la moelle des os. Que de millions de braves mères de famille laissent leur esprit enjoué, leur teint de roses, leur gracieux minois s'étioler et s'user dans les soins du ménage, jusqu'à ce qu'elles en soient réduites à l'état de vieilles momies ratatinées, desséchées, cassées. L'éternel retour de la question : « Que faut-il faire cuire aujourd'hui? », le renouvellement quotidien de la nécessité de balayer, de battre et brosser les habits, d'épousseter tout cela, c'est la goutte d'eau dont la chute constante finit par ronger lentement, mais sûrement, l'esprit aussi bien que le corps...

« Sur l'autel flamboyant où mijote le pot au feu, sont sacrifiées jeunesse, liberté, beauté, bonne humeur...

« Qu'il nous soit sacré le foyer sur lequel la ménagère allemande, toute à son devoir, offre sa vie en un long sacrifice pour tenir la maison toujours confortable, la table mise et la famille en bonne santé... »

La belle affaire ! Ne dirait-on pas qu'en Allemagne seulement la maison peut être bien tenue, le ménage fait, les habits brossés, et les repas — savamment diversifiés — préparés à point.

Nous autres aussi nous avons, en France, des femmes que des soucis ménagers retiennent dans leur foyer, mais nous tenons à leur rendre cette justice, c'est que jamais, malgré les rudesses du sort, elles ne considèreront comme une vertu d'abdiquer ce qui fait le charme de leur sexe et de laisser leur féminité au vestiaire ...

D'ailleurs, la femme française, n'est-elle pas en tous points le double de son mari? Elle participe — à l'encontre de l'Allemande — à nos travaux et à nos idées. Elle est la compagne de notre esprit.

« Quelques savants, écrit dans son livre sur la Femme, le Dr L. Büchner, par exemple, prétendent que la différence entre les cerveaux des deux sexes n'est pas la même chez les divers peuples civilisés. Elle serait la plus grande chez les Allemands et les Hollandais ; viendraient ensuite les Anglais, les Italiens, les Suédois, les Français. C'est chez ces derniers que les sexes se rapprocheraient le plus quant au cerveau... »

Devrons-nous, par contre, admirer, comme le conseillent certains voyageurs, cette rigueur, cette pudeur, cette merveilleuse continence des vierges fortes de la farouche Germanie? Ces vertus, ici encore, paraissent sujettes à caution :

« Un fort appoint à la prostitution clandestine est fourni, assure Alf. Stéphany dans ses *Scandales allemands*, par les bonnes de brasserie (*Kellnerinnen*), ce, tout au moins, à l'occasion de leurs jours de sortie, surnommés poétiquement *jours sexuels...* »

Jusqu'à ces *Kellnerinnen*, chez qui nous avions vu jusqu'ici des âmes aussi cristallines que celles de la *Dorothée* d'*Hermann* !... A qui se fier désormais? Les dieux s'en iraient-ils?

Une évidente preuve de la faible continence de Dorothée, en général, nous a été fournie par l'actuelle guerre. En nombre de points de Germanie, dès que la vie est devenue plus difficile et la nourriture plus rare, on a vu les listes spéciales de police des mœurs s'allonger dans de très fortes proportions.

Nous qui croyions jusqu'ici que la France était le pays des scandales ! Voici qu'un indiscret fonctionnaire du Kaiser nous en révèle un où le principal héros, à l'inverse de nos personnalités féminines, se garde de montrer le moindre souci du ridicule. Ce sont là mœurs allemandes bien loin, de nos façons de sentir :

« Je ne puis passer sous silence, raconte-t-il, une histoire qui eut pour théâtre le restaurant Valentin, et que commentèrent longuement, non seulement les journaux de Strasbourg, mais aussi ceux de Paris. Comme elle demeura, en dépit de tout, une énigme pour le public, je vais en fixer ici le canevas authentique, tel que j'ai pu le reconstituer d'après des rapports et des dépositions officielles.

Un soir, une automobile, venant de Colmar, s'arrêta devant le restaurant Valentin. Le monsieur qui l'occupait en descendit et pénétra dans un des cabinets du premier étage où l'attendait une femme. L'inconnu n'était autre que le président du district de la Basse-Alsace, le prince Alexandre de Hohenlohe, parent du Statthalter d'Alsace-Lorraine. Or, la princesse qui se méfiait des voyages nocturnes de son mari, dont elle connaissait le faible pour l'éternel féminin, avait suivi son mari à Strasbourg ; elle pénétra sur ses traces dans le restaurant Valentin et surprit le couple *flagrante délicto*. Se précipiter sur sa rivale, lui administrer une paire de gifles et lui crêper le chignon, ne fut pour l'épouse outragée que l'affaire d'un instant. Il faut croire, pourtant, que cette vengeance ne lui suffit pas encore, car elle saisit un couteau à dessert et en menaça l'inconnue qui ne dut son salut qu'à la fuite. »

Comme scandale voilà qui n'est pas très mal.

Il y a cependant eu mieux, sur des paliers plus élevés et en plein jour officiel : à la cour de Saxe, par exemple, et même tout près du kaiser. Là, circonstance aggravante, ce n'était pas à cause de *dames* qu'il y avait scandale....

***

La femme allemande, tant prônée extérieurement, n'est que très souvent un « grenier à coups de poing », ainsi que l'observe ingénieusement un *leader* socialiste dans son livre sur elle :

« D'après le droit commun allemand, observe-t-il, la femme est partout une mineure, par rapport à l'homme; celui-ci est le maître auquel elle doit obéissance dans le mariage. Si elle n'est pas obéissante, le code prussien donne à l'homme de *basse* condition le droit de lui infliger une correction corporelle modérée. Comme la vigueur et le nombre des coups ne sont inscrits nulle part, l'homme en décide souverainement. Dans le code de la ville de Hambourg, il est dit : « Mais l'application équitable d'une correction légère est permise et accordée à l'homme sur son épouse, aux parents sur leurs enfants, aux instituteurs sur leurs élèves, au maître et à la maîtresse de la maison sur leurs domestiques. »

Il serait vraiment miraculeux que le régime de la schlague aboutît à d'autres résultats !...

Extrait du *Simplicissimus*.

Pudeur de chez eux. — Le tango barbelé.

VI

LE HOBEREAU ALLEMAND

Die Junckerbornirtheit, ou l'esprit borné du hobereau. — Le tub de Sa Majesté. — Le Kaiser, chef militaire et religieux des hobereaux. — L'officier en campagne. — Où Bismarck et Bonnot se rejoignent. — Un souhait de Henri Heine que nous sommes en train de réaliser.

Le Hobereau, le *juncker*, a fourni matière à toute une littérature. Il sévit à la ville et aux champs. Il figure à la cour. Sa suffisance n'a d'égale que les bornes de son esprit. Quelques anecdotes et citations le peindront sur le vif, *nature*, mieux que de longues phrases..

Die Junckerbornirtheit
(L'esprit borné des hobereaux)

« En France, une guerre donne le plus libre essor à toutes les forces populaires; chez nous, il n'en est pas de même : nous pouvons simultanément avoir la guerre et voir l'esprit du peuple enchaîné. »

VARNHAGEN von TUSE.

« Le militaire prussien et le bourgeois sont partout insupportables l'un à l'autre...

« Le gouvernement prussien est une confrérie de bureaucrates qui ont joint au vœu du barbouillage celui d'obéissance et d'hypocrisie... La morgue militaire et nobiliaire est le mal qui nous ronge. Il faut voir les airs que se donnent ces beaux fils, officiers de la garde, comtes et barons... Plus de cœur, nul bon sens, nulle droiture, chez beaucoup même la bravoure laisse à désirer. Beaucoup de fanfaronnade et peu de réalité... Il faut que cette race disparaisse, *Diese Race muss vertligt Lerden* ! »

(Idem.)

***

« Mark Twain, dit un jour à la comtesse d'Epinghoven — *hofdame* à la cour d'Allemagne — le comte Eulenbourg, (qui avait rencontré peu avant le célèbre humoriste américain à un dîner donné par le général Verdy du Vernois), Mark Twain a écrit beaucoup de choses amusantes sur l'absence de *tub* chez les Allemands, mais il pourrait ajouter de bien savoureuses pages à son œuvre, si je lui livrais une partie seulement de la correspondance que j'ai eue avec les membres de notre aristocratie au sujet du bain de Sa Majesté quand elle va chez eux. Tous se révoltent contre cette innovation qui détruit l'harmonie de chambres restées intactes depuis plus d'un siècle. Une fois même, dans la province de Prusse, un gentilhomme me déclara qu'il n'oserait jamais offrir un bain à l'Empereur parce que ce serait avoir l'air de supposer que son souverain était un homme sale. »

Et, du même auteur féminin, ce charmant portrait, du hobereau, homme de cour :

« Si vous voulez réussir à la cour, mettez de côté toute pensée d'indépendance, toute velléité de franchise.

Voyez-vous, le moindre individualisme, hormis celui de nos maîtres, est odieux. Sachez être une automate. Souriez à tous les caprices de Sa Majesté.

Ne soyez pas troublée si un supérieur vous insulte. Faites retomber votre colère sur ceux qui sont au-dessous de vous...

Je sais ce que vous allez me dire. Vous trouvez cela méprisable de faire souffrir les innocents pour les torts de leurs supérieurs. Je suis de votre avis. Mais que voulez-vous, nous le faisons tous ! C'est pour nous une sorte de paratonnerre contre la mauvaise humeur de nos maîtres... »

(Mémoires de la comtesse d'Epinghoven.)

Voici, par ailleurs, un portrait exact du Kaiser, chef militaire et religieux des hobereaux.

« L'Empereur qui, comme le raconte son éducateur Huizpeter, fut déjà prétentieux et autoritaire comme garçon, n'admirait que son grand-père, et augmentait les souffrances morales de sa mère, si hautement douée, en témoignant un mépris ostensible pour l'empereur Frédéric.

L'Empereur, devant la contradiction duquel échoua Bismarck, s'amuse aux productions de cabaret, entouré de ses courtisans, à l'instar des jeunes gens, alors qu'il est lui-même grand-père. Lui qui craint tant la puissance de la mort fauchant dans son entourage et qui s'écroule en hurlant devant le corps du comte de Hülsen-Hœseler, non par estime, mais par peur et par lâcheté, mais qui continue néanmoins ensuite sa vie pleine de morgue, qui se fait l'instrument de son chancelier sans conscience pour couvrir des accusations sciemment fausses, de honteux délits de droit, des escroqueries éhontées, de graves délits de fonctionnaires, en décorant des parjures,des criminels et des déserteurs prussiens et en cherchant des victimes pour les faire pâtir à la place des hauts coupables, cet Empereur considère son régime personnel comme une seconde nature : habitude prise par sa fréquentation continuelle de Bulow depuis des dizaines d'années.

LE PRÉFET. — Donc : deux hommes au Casino de l'Odéon, deux autres au Théâtre allemand, deux autres au Kind-Keller... Et, à deux heures, de retour ici pour le rapport.

Extraits du *Simplicissimus*.

LE RAPPORT. — C'était bien conforme, Monsieur le Préfet.

Il n'est que trop certain que vis-à-vis de la nation allemande, avec ses penchants à la bonhomie et à la subordination, ses parlements et princes fédérés, l'Empereur ne fera que serrer toujours les brides et qu'ils auront le gouvernement qu'ils méritent. »

R. Ball,
Secrétaire intime au Ministère des Affaires étrangères, à Berlin *(Révélations du procès Bulow-Brand.)*

***

L'armée est, par excellence, la pépinière des hobereaux. Il suffit de lire les scandaleuses révélations du lieutenant Bilse pour connaître, en Allemagne, la vie de garnison ; la vie de garnison où l'on se permet tout et où, d'ailleurs tout est permis depuis le *Liebesmahl* (repas d'amour) le plus dégrafé, jusqu'aux dettes les plus volumineuses et les plus criardes, jusqu'à la plus totale oppression du bourgeois.

Mais c'est la guerre qui nous préoccupe, c'est-à-dire le hobereau à l'œuvre. Voici quelques passe-temps de l'officier allemand en campagne, tel qu'il fut hier, et hélas! demeure aujourd'hui :

« Manger, boire à l'excès, supporter la faim et la soif, s'adonner à la débauche et à la paillardise, faire sonner les dés nuit et jour avec rage, tomber dans la goinfrerie et dans la crapule, voler, être volé, assassiner, être assassiné, fusiller, être fusillé...

« Je voyais, dit Simplex, au sortir d'une orgie, les convives dévorer des plats comme des truies, boire là-dessus comme des vaches, se tenir comme des baudets, et vomir à la fin comme des chiens de tanneur... Mais est-ce que leurs ventres ne finiront pas par éclater? Leurs âmes qui sont les images de Dieu, peuvent-elles donc rester dans ces corps de pourceaux gras, où elles sont prisonnières comme dans des cachots obscurs et des tours destinées aux monstres et aux voleurs?...

« Ils prirent un des paysans prisonniers, le fourrèrent dans le poêle et y mirent le feu. A un autre, ils ceignirent la tête avec une corde, et la serrèrent avec un garrot, à tel point que le sang lui sortit par la bouche, le nez et les oreilles... Pendant ce temps-là, les soldats avaient mis la main sur d'autres paysans. Ils les attachèrent par les mains et par les pieds à un arbre abattu en cet endroit, si bien que (*salva reverentia*) ils avaient le derrière en l'air. Puis, quand ils leur eurent enlevé les culottes, ils prirent les cordes qui servaient pour les mèches, y firent des nœuds et se mirent à jouer du violon sur les corps des paysans, si fort et si cruellement que le sang ne tarda pas à jaillir. Les paysans criaient à faire pitié ; mais les soldats s'amusaient de leurs cris. Ils ne cessèrent de scier que lorsqu'ils eurent enlevé la peau et la chair jusqu'aux os. »

(GRIMMELSCHANGEN. *Simplicissimus.*)

***

Sur leurs principes stratégiques, et la manière dont, en temps de guerre, il faut traiter les non-combattants, c'est l'opinion de Bismarck qui reste la charte des hobereaux. La voici telle que nous la rapporte Moritz Busch :

« La véritable stratégie consiste, disait le grand chancelier, à frapper vigoureusement l'ennemi, mais surtout à faire aux habitants des villes le plus de mal possible pour les engager à se dégoûter de la lutte et à exercer une pression sur leur gouvernement. *Il ne faut laisser aux gens que les yeux pour pleurer la guerre et regretter la résistance.*

« Nous ne devons pas perdre de vue le but de la guerre, ajoutait-il, à savoir, une paix avantageuse. Plus sera grand le nombre des Français maltraités, plus ils désireront vivement la paix.

« Le grand principe à retenir est qu'il faut rendre la guerre pénible aux populations pour les disposer à la paix.

« Si, dans l'étendue du territoire que nous occuperons, nous ne pouvons pas tout garnir de nos troupes, nous enverrons de temps en temps une colonne volante vers les localités qui se montreront récalcitrantes ; nous fusillerons, pendrons et brûlerons. Si cela arrive quelquefois, ils finiront par devenir raisonnables. »

On voit par les enseignements de celui qu'ils considèrent encore comme une des pierres angulaires de l'Empire prussien, que leurs atrocités sont froidement préméditées et qu'au jour du règlement de comptes ils ne sauraient bénéficier des circonstances atténuantes.

Bismarck a fait école ; nombre de grands conducteurs allemands de la guerre actuelle ont affiché sa manière de voir ; tel von Bulow, tel von Hindenburg.

« Les soldats belges et français doivent être livrés comme prisonniers de guerre, avant quatre heures, devant la prison. Les citoyens qui n'obéiront pas *seront condamnés aux travaux forcés à perpétuité*, en Allemagne. L'inspection sévère des immeubles commencera à quatre heures. *Tout soldat trouvé sera immédiatement fusillé* ».

Von Bulow.
Commandant en chef la IIe armée allemande.
(*Proclamation placardée à Namur le 25 août 1914*).

« Le pays souffre. Lodz est affamé. Cela est déplorable ; *mais cela est bien.* On ne fait pas la guerre avec de la sentimentalité. Plus la guerre est faite impitoyablement, plus elle est humaine au fond, car elle prendra fin d'autant plus vite. Les méthodes de guerre qui amènent la paix avec le plus de promptitude sont et demeurent les méthodes les plus humaines. »

Maréchal Von Hindenburg,
Commandant en chef des armées allemandes sur le front oriental.

Le soldat allemand est l'exécutant rêvé en pareil ordre de gentillesses. Qu'on en juge par l'appréciation circonstanciée d'un très fameux Doctor.

« Notre histoire montre par mille exemples que l'Allemand, soldat ou capitaine, aussitôt qu'il peut faire le maître, trahit une remarquable dureté de cœur, aussi bien du reste contre un compatriote que contre un étranger. Le Français ou le Slave est accessible aux mouvements de la pitié ; l'Allemand, jamais ou rarement, et son bras pèse d'autant plus lourdement sur un peuple dominé qu'il opprime avec méthode ».

Dr GEFROERER.

Guillaume II ne doutait d'ailleurs pas de la remarquable prédisposition des troupes de Prusse à la fonction hideuse de bourreau. N'allocutionnait-il point de la sorte les recrues de Potsdam ?

«Recrues, rappelez-vous toujours que l'armée allemande doit être prête à combattre les ennemis qui pourraient surgir chez nous, aussi terribles que ceux de l'étranger.

Vous pouvez être appelés, d'un moment à l'autre, à tirer sur les membres de votre propre famille ou à sabrer père, mère, frères ou sœurs. *Mes ordres à ce sujet doivent être exécutés* avec entrain *et sans murmurer, comme tout ordre que je donne. Vous devez faire votre devoir sans écouter la voix de votre cœur.* Et maintenant, allez vers vos nouvelles obligations ».

GUILLAUME II
(*Allocution aux recrues de Potsdam.*)

Le jugement à porter sur cette manière de faire nous est fourni par Frédéric II, que l'on prend, tour à tour, poussant les siens à l'horreur et les condamnant férocement :

... « Voyez, mon cher, dans quel état ces canailles ont mis ces meubles, comme ils les ont brisés, ainsi que tout ce qu'ils n'ont pu emporter ! Ce qu'ils ont fait ici, ces barbares l'ont fait de même chez la plupart des paysans. Avez-vous vu cette morte devant le jardin ? Tout cela ne fait-il pas dresser les cheveux de la tête. *Est-ce là faire la guerre ? Les princes qui se servent de telles troupes ne devraient-ils pas rougir de honte ? Ils sont coupables et responsables devant Dieu de toutes les horreurs qu'ils commettent* ».

FRÉDÉRIC II (le Grand).
roi de Prusse.

***

Pour finir ces citations, faisons un dernier appel à Henri Heine de qui l'on tient cette description du hobereau-officier. L'humour, ici, n'est que déformation familière de la plus stricte des réalités :

« A Aix-la-Chapelle, les chiens s'ennuient dans les rues, et ont l'air de vous faire cette humble prière : — Donne-moi donc un coup de pied, ô étranger ! peut-être cela nous distraira-t-il un peu.

« J'ai flâné une petite heure dans ce trou ennuyeux. C'est là que je revis l'uniforme prussien ; il n'est pas beaucoup changé.

« Ce sont toujours les manteaux gris avec le col haut et rouge. (Le rouge signifie le sang français, chantait autrefois Kœrner dans ses dithyrambes guerriers.)

« C'est toujours le même peuple de pantins pédants, — c'est toujours le même angle droit à chaque mouvement, et sur le visage la même suffisance glacée et stéréotypée.

« Ils se promènent toujours aussi raides, aussi guindés, aussi étriqués qu'autrefois, et droits comme un I ; on dirait qu'ils ont avalé le bâton de caporal dont on les rossait jadis.

« Oui, l'instrument de la schlague n'est pas entièrement disparu chez les Prussiens ; ils le portent maintenant à l'intérieur.

« Leur longue moustache n'est tout bonnement qu'une nouvelle phase de l'empire des perruques : au lieu de pendre sur le dos, la queue vous pend maintenant sous le nez.

« Je fus assez content du nouveau costume de cavalerie ; je dois en faire l'éloge : j'admire surtout l'armet à pique, le casque avec sa pointe d'acier sur le sommet.

« Voilà qui est chevaleresque, voilà qui sent le romantisme du bon vieux temps, la châtelaine Jeanne de Montfaucon, les barons de Fouqué, Uhland et Tieck.

« Cela rappelle si bien le moyen âge avec ses écuyers et ses pages, qui portaient la fidélité dans le cœur et un écu sur le bas du dos !

« Cela rappelle les croisades, les tournois, les cours d'amour et le féal servage, et cette époque des croyants sans presse, où les journaux ne paraissaient pas encore.

« Oui, oui, le casque me plaît ! il témoigne de l'esprit élevé de S. M. le spirituel roi de Prusse. C'est véritablement une saillie royale ; elle ne manque pas de pointe, grâce à la pique.

« Seulement, je crains, messires, quand l'orage s'élèvera, que cette pointe n'attire sur votre tête romantique les foudres plébéiennes les plus modernes.

« A Aix-la-Chapelle, je revis, à l'hôtel de la Poste, l'aigle de Prusse que je déteste tant ; il jetait sur moi des regards furieux.

« Ah ! maudit oiseau ! si jamais tu me tombes entre les mains, je t'arracherai les plumes et je te rognerai les serres.

« Puis je t'attacherai, dans les airs, au haut d'une perche, en point de mire d'un tir joyeux, et autour de toi j'appellerai les arquebusiers du Rhin. »

(*Germania.*)

Qu'il dorme tranquille et satisfait, le poète de la *Germania*, nos arquebusiers de France, armés de bons Lebel, sont en train de réaliser son vœu : l'aigle de Prusse, aux bords du Rhin, aura vécu !

Extrait du *Simplicissimus*.

... Pour cette fois, ça passe, mais à l'avenir il faudra prendre une allure moins frivole, moins légère, moins évaporée.

VII

CE QUE PENSE L'OFFICIER ALLEMAND

Où M. Téodor de Wyzewa nous présente M. Hans Pommer. — Une histoire d'automobile. — Monnaie de singe. — Silence et discrétion. — Un aveu dénué d'artifices. — Le lieutenant Kuhn. — « J'embrasse mon rival, mais c'est pour l'étouffer ». — Chants de guerre allemands. — Ruydard Kipling.

L'officier allemand, hobereau ou « volontaire », forme une caste redoutable et justement redoutée de l'honorable corporation des fournisseurs militaires. Ces « beaux fils » qui se procurent actuellement à la foire d'empoigne, ce qui leur convient, en Belgique ou dans nos départements du Nord, se sont faits congrûment la main, en temps de paix, dans les quiètes garnisons de la sentimentale Germania.

Les documents abondent sur leur manière de procéder. Gabegie et chapardage sont chez eux vertus cardinales. Un ouvrage moins connu que tel roman qui, il y a peu d'années, fit quelque scandale en France, nous apporte, à ce sujet, une contribution des plus intéressantes.

Dans la *Revue des Deux Mondes*, de juillet 1914, M. Teodor de Wyzewa, analysant, avec sa pénétration psychologique habituelle, le livre désenchanté d'un capitaine en retraite, M. Hans Pommer, nous prévenait ainsi du crédit que le lecteur français peut lui accorder :

FÉCONDITÉ !

Extrait du *Simplicissimus*.

Travailler et ne pas désespérer : telle est la devise de nos bannières... Il est à propos de fonder dans chaque ville allemande un club de *Fécondité* dont le but sera l'accomplissement du devoir conjugal. Des prix seront dévolus aux plus beaux exploits démontrés.

« Les griefs qu'a rapportés de la caserne, l'auteur de ce livre, n'ont rien d'égoïste : ils sont le fait d'un homme qui, passionnément attaché à la carrière des armes, mais s'en étant formé une conception toute personnelle, s'est senti cruellement déçu en constatant que, de plus en plus, l'armée allemande s'éloignait de sa destination naturelle pour devenir quelque chose comme ce collège de prêtres où nous introduit le libretto de la *Flûte enchantée* : une vaste corporation d'initiés s'occupant à célébrer de savants rites inutiles. »

Parmi tant d'anecdotes savoureuses que l'ancien officier nous conte avec quelque mélancolie, il en est une plus particulièrement caractéristique, en ce qu'elle nous montre un des revers de cette sacro-sainte discipline teutonne que tant d'admirateurs du caporalisme prussien se sont complus à célébrer :

« Un jour, dans une réunion d'officiers, un colonel a exprimé le désir que le corps des officiers de son régiment achetât une grande voiture automobile qui lui permît de visiter les pittoresques régions montagneuses des environs. Un vieux capitaine s'est enhardi à faire entendre sa désapprobation d'un tel projet, en alléguant la dépense considérable qu'entraînerait, non seulement l'achat, mais aussi l'entretien d'une automobile, tandis que d'autre part l'existence de nombreuses possibilités de communication par le chemin de fer avait de quoi satisfaire amplement la curiosité artistique des officiers. Cette contradiction téméraire a eu naturellement pour effet d'attirer désormais sur le capitaine le mauvais vouloir de son colonel ; et, comme tous les autres officiers, résignés d'avance à subir les fantaisies de leur chef, s'étaient empressés de consentir à la proposition de celui-ci, une magnifique automobile a été achetée, moyennant le prix de 12.000 marcks. Toutes les économies privées des officiers et tout le contenu de leur caisse commune ont été absorbés par les frais de l'achat, comme aussi par ceux de la construction d'un somptueux garage. L'entretien du chauffeur, en vérité, a été mis tout entier au compte du budget impérial, le colonel ayant promu au grade de sous-officier un simple troupier qui se trouvait être chauffeur de profession, et qui, depuis lors, n'allait plus servir qu'à l'usage particulier des officiers. Ou plutôt, c'est surtout à l'usage particulier du colonel lui-même qu'a servi, de plus en plus, l'automobile ainsi achetée, jusqu'au jour où la dépense nécessitée par son entretien a définitivement abouti à une crise financière si grave que seul un moyen radical est apparu capable d'y porter remède. Pour le modeste prix de 400 marks, l'automobile a été cédée au plus offrant ; et le corps des officiers a pu respirer enfin plus à l'aise. J'ajouterai que, dans la suite, ce colonel qui s'entendait si parfaitement à tirer parti de son autorité au profit de ses intérêts privés est devenu membre d'un haut comité militaire et qu'il arbore fièrement, aujourd'hui, le titre d'Excellence. »

***

M. Hans Pommer traite, un peu plus loin, de la façon un peu bien cavalière dont ses anciens camarades avaient accoutumé d'envisager, dans l'économie de leur budget, la rubrique *passif* :

« Et de même, dit-il, que la conscience professionnelle de nos officiers, si pointilleuse sous d'autres rapports, ne s'émeut aucunement de la présence parmi eux d'ivrognes notoires, de même aussi l'habitude de contracter des dettes destinées à n'être jamais payées ne passe aucunement pour contraire à l'honneur. Tandis que tout civil qui tient à sa bonne renommée se fait un devoir de payer régulièrement son tailleur, il est de bon ton, chez les officiers, de retarder, tout au moins le plus longtemps possible, le règlement du prix des uniformes ; et souvent même la pauvre blanchisseuse et le nettoyeur de gants sont obligés d'attendre sans fin le jour où ils seront remboursés de leur peine. Jamais l'officier le plus loyal et le plus sérieux ne consentira à reconnaître, dans l'amoncellement des dettes d'un collègue, le moindre délit contre l'honneur professionnel. »

Il en allait différemment dans nos garnisons françaises, mais chacun sait, n'est-ce pas, comme notre race « abâtardie » demeure ridiculement fidèle à des principes désuets. Les camarades du Kronprinz, eux, se sont libérés des anciennes « valeurs morales ». Avant que d'opérer les fructueux cambriolages que l'on sait, ils avaient à cœur de faire un prudent noviciat dans l'abus, simplement de confiance. Pour cela, point ne leur était besoin d'une grande hardiesse. Ils jouaient sur le velours et étaient, comme on dit vulgairement, *parés* :

« L'ignorance presque complète dans le public, observe M. Pommer, des actions coupables commises par des officiers tient surtout à un système d'étouffement en vertu duquel, autant que possible, les éléments suspects sont simplement écartés, de façon à éviter une intervention judiciaire. Les officiers pris en faute sont, sur-le-champ, congédiés de l'armée, sans que les documents officiels contiennent la moindre mention du motif de leur renvoi. On veut, avant tout, rendre impossible toute plainte publique, afin que nulle tache ne vienne souiller l'éclat de l'honneur professionnel. Empêcher les mauvais bruits de transpirer au dehors, dût-on même, par là, manquer gravement à toute justice, est malheureusement une manière d'agir très répandue dans le monde militaire, et c'est ainsi que, par degrés, la croyance populaire à la pureté morale de l'officier se transforme, à nos yeux, en une croyance opposée. »

***

Découragé par toutes ces constatations, l'auteur de ce livre de bonne foi, se demande, non sans quelque serrement de cœur — convient-il de l'avouer — pour quel motif les soldats allemands maudissent la caserne.

« La cause, explique-t-il, n'en est nullement, dans une aversion irrésistible pour le métier des armes, mais bien *dans l'horreur qu'inspire au soldat le traitement qui lui est infligé de la part de ses chefs.* »

Ce n'est pas nous, avouez-le, qui le lui faisons dire.

Ne vous semble-t-il point, après ceci, qu'ainsi qu'on s'exprime au Palais « la cause est entendue »? Et pourtant, nous nous en voudrions de ne point mettre sous les yeux de nos lecteurs quelques extraits des pensées de derrière la tête d'un lieutenant allemand. Elles ont, outre leur caractère de documents psychologiques de *primo cartello,* le mérite d'être de stricte actualité.

Ces pensées sont extraites d'une brochure parue récemment à Berlin, sous ce titre : « Les vraies causes de la guerre. » Son auteur, le lieutenant Kuhn, était, avant la guerre, professeur d'histoire à l'Académie technico-militaire qui fonctionne aux côtés de la célèbre Ecole des Hautes études techniques de Charlottenbourg, près de Berlin.

Cet officier, doublé d'un *herr-professor,* après avoir déploré, non sans quelque motif, la faillite de l'idéalisme germain et lui avoir attribué des causes simplement économiques, exalte la vertu éducative de la guerre et revendique pour la race à laquelle il appartient le rôle de conductrice de peuples.

Il le fait, à la façon teutonne, en des termes grandiloquents où le cynisme le dispute au pédantisme le plus périmé.

On dirait par instant du Joseph de Maistre revu par Homais.

Le lieutenant Kuhn, dans son genre, est l'expression la plus fidèle de ce militarisme prussien à qui les théories de von Bernhardi et de von der Goltz ont communiqué une façon de charte définitive et que les fantaisies d'un Ostwald ou d'un Lasson ont habilisé congrûment auprès de l'intellectualisme allemand.

« Oui, déclare-t-il, le matérialisme s'est développé partout en Europe, mais surtout en Allemagne. C'est la capitalisme international qui en est cause. C'est lui qui nous a jetés dans l'engrenage affolant de l'industrialisme et qui nous a mués d'hommes libres en ouvriers de fabrique et commis de bureau. Le déchet moral a été immense. On n'attente pas impunément à la liberté humaine... Non ! mille fois non ! *Ce n'est pas faussement qu'on attribue à notre peuple l'esprit guerrier, le plaisir de la guerre, le désir de la guerre. Notre peuple indestructible a gardé l'antique courage teuton.* Il est inouï qu'il se soit trouvé, de nos jours, de hauts dignitaires ecclésiastiques pour clamer à leurs ouailles que la guerre est un malheur, et que de pareils mandements aient été reproduits par la presse. *Il n'est pas vrai que la guerre soit un malheur. Qu'on laisse ces considérations aux parents des tués* !... Considérer la guerre comme un malheur pour l'État, c'est trahir la vérité historique... Pour rendre la vie à l'idéalisme, il fallait donner à notre peuple un grand devoir historique et mondial, un devoir pour lequel le peuple tout entier, sans distinction de classe, eût à agir héroïquement. *La guerre apparaît dans ces conditions comme le procédé le plus noble et le plus saint : une guerre d'attaque ou de défense, peu importe* ! »

Il va de soi que cet idéalisme retrouvé, grâce à un instinct carnassier bien entendu, et où la morale la plus courante n'a rien à voir, il convient d'en faire profiter les nations assez misérables pour lui préférer cette douceur de vivre que le miracle grec et le miracle chrétien réconciliés avaient acclimatée chez nous. Il faut, pour en goûter la saveur, une âme trop déliée. Puis, n'est-ce point là une « vieille chanson » appelée à disparaître? Il n'est qu'une civilisation qui compte, assurent les théoriciens du pangermanisme — leur civilisation — mais ces messieurs ne sont pas des égoïstes. Ils veulent nous en faire profiter. Les braves gens ! et quelle reconnaissance nous devons leur en avoir :

« L'histoire de tous les temps nous enseigne qu'il est conforme à la nature d'un Etat bien constitué de chercher à imposer sa civilisation au plus grand nombre possible d'êtres humains... Les nations placées à la tête de la civilisation font des conquêtes dans un but éducatif, pour apporter leur culture à autrui... *Faut-il que le civi-*

lisation élève ses temples sur des montagnes de cadavres, sur des mers de larmes, sur des râles de mort? Oui ! Elle le doit... Si un peuple a droit de domination, son pouvoir de conquête constitue la plus haute loi morale devant laquelle le vaincu doit s'incliner. *Malheur aux vaincus* ! »

Mais auparavant, il convient de nous amadouer, nous autres, Français.

« J'embrasse mon rival, mais c'est pour l'étouffer. »

Il s'en faut de peu que cet excellent homme, qu'est le lieutenant Kuhn, ne nous saute au cou.

Ah ! les excellents amis que nous serons une fois qu'il nous aura vaincu. Ce n'est rien, croyez-vous, de l'exprimer — et l'auteur des « Vraies causes de la guerre » ne nous l'envoie pas dire.

« Le peuple français, avance-t-il, vit de la gloire qu'il a acquise dans l'histoire du monde sous la direction germanique, et qu'il croit pouvoir retrouver sans cette même direction. Voilà ce qui donne à l'histoire contemporaine de la France son caractère particulièrement tragique, et voilà pourquoi l'issue n'est pas douteuse de l'attaque tentée aujourd'hui par la France contre l'Allemagne qui, elle, se trouve toujours sous la direction germanique. La France sera battue !... Personne n'est plus facile à diriger que le vrai Français, quand on sait le prendre. Il suffit de l'empoigner par ses instincts nationaux : avec son concours on peut alors tout oser. L'avenir le mettra à nos côtés. Nous le sauverons de ses erreurs ; nous nous le subordonnerons fraternellement et, avec lui, nous dirigerons les destinées du monde. Je me représente la guerre avec la France comme le duel de deux loyaux adversaires, où le vainqueur n'a pas de plus ardent désir que de presser le vaincu sur son sein. »

En attendant que nous soyons « pressés sur le sein de nos *loyaux* — ô combien ! — adversaires », le lieutenant Kuhn s'en voudrait de ne point nous prévenir, une fois de plus; — nous reverrons l'antienne, — que l'Allemagne n'a qu'une ennemie, l'Angleterre.

Cette pauvre Angleterre, décidément, écope fort outre-Rhin. On assure que les sentiments particuliers du Kaiser n'y seraient point tellement étrangers. *Le fils de l'Anglaise* ne pardonnera jamais à la famille de sa mère d'avoir vu clair dans son jeu, lors de la mort opportune de l'auteur de ses jours. Le peuple d'esclaves sur qui s'exerce son caporalisme a épousé tout naturellement ses rancunes — en leur donnant, bien entendu, d'autres causes. Mais au fond de tout cela, c'est le souvenir de l'« Anglaise » qui tracasse Guillaume et ses obéissants sujets :

Axiome : l'infamie de la politique extérieure de l'Angleterre augmente en raison directe des difficultés de sa politique intérieure... « La grande conjuration de guerre, aujourd'hui dirigée contre nous, est, assure le lieutenant Kuhn, l'œuvre de l'Angleterre... Son empire craque et se rompt à tous les joints, à tous les coins, à tous les bouts... Sa presse pousse de longs hurlements de bête fauve aux abois... L'Angleterre ne lutte que pour des intérêts d'argent, et de tous les motifs de guerre, c'est le plus vil. Elle est le pirate des océans, la maîtresse de tous les éléments d'immoralité dans l'histoire universelle, la patronne du matérialisme et de l'esprit de négoce, la diffamatrice des Germains, ses frères de race, qu'elle trompe et qu'elle dépouille, la drôlesse enfin qui lance les autres contre nous, pour reprendre, après la guerre, son trafic. *Donc, Germains, peuples du monde, tuez-la* ! »

On pense, en lisant ceci, au *tue-la* ! combien romantique d'Alexandre Dumas fils.

— Quel retard ! dirait-on à Montmartre.

***

Ces sentiments nous les retrouverons exprimés, selon le mode lyrique, dans ces chants de guerre retrouvés sur tels étudiants allemands partis au feu avec enthousiasme et qui, devant la bonne besogne de notre 75, durent déchanter, si l'on peut dire :

Voici pour nous :

« A LA FRANCE.

« Tu t'es toi-même trempé la soupe ; — Il faut, maintenant, que tu l'avales. — Jusqu'à ce que les morceaux s'arrêtent dans ta gorge — Et que des torrents de sueurs t'inondent.

« Egarée par ta haine aveugle, — Convaincue de ton impuissance, — Tu as attisé le feu qui devait nous dévorer, — Tu as soudoyé le bourreau russe. — Nous n'avons jamais troublé ta paix ; — Ce n'est jamais que pour nous garder de tes entreprises sacrilèges — Qu'est tombée sur toi l'épée allemande — Et qu'elle a mis en pièces le bouclier de ton honneur.

« Nous avons fait preuve de la volonté la plus sincère — De vivre en paix avec toi ; — Quand une douleur t'a accablée, — Nous t'avons témoigné nos cordiales condoléances.

« Mais tu n'as fait qu'entretenir ta haine, — Tu n'as pas voulu en démordre, — Parce que l'Allemagne avait arraché à tes mains — Ce qui lui avait autrefois appartenu.

« Tu t'es fort peu souciée du droit et de la justice — Qui avaient favorisé nos armes ; — Tu n'as fait qu'entretenir ta vanité ; — Tu n'as voulu ni le repos ni la paix.

« Tu as voulu la bataille, tu as désiré la lutte ; — C'est toi qui as allumé la torche, — Bien qu'autrefois tu aies prêché aux hommes — La liberté et la fraternité.

« Maintenant, défends ta vilaine peau ; — Tremble, maintenant, devant la haine — Quoi que nous réserve l'avenir, — Dieu peut prendre ta race en pitié ! »

Et voici pour elle, l'Angleterre abominée.

Extrait du *Simplicissimus*.

Le devoir au-dessus de tout! Il n'est point d'âge pour les braves, non plus que pour les vaillantes que le sort épaissit quelque peu.

Extrait du *Simplicissimus*.

La preuve en est ici....

Extrait du *Simplicissimus.*

Il n'est point de cérébral désavantagé physiquement, ni d'intellectuelle insoucieuse de matérialité....

Extrait du *Simplicissimus.*

.... qui, conjuguant leurs efforts, ne puissent engendrer la Force.

« A L'ANGLETERRE

« Cela a bien fait ton affaire — Et tu as ressenti une joie profonde — Quand le Russe et le Français — Nous ont mis l'épée sur la poitrine.

« Comme troisième larron, — Tu as vu avec joie le danger que nous courrions — Et tu t'es dit que beaucoup de chiens — Ont toujours causé la mort du lièvre.

« Mais l'Allemagne n'est pas un lièvre, — Bien que vous vous soyez des chiens. — Ce n'est pas pour plaisanter — Qu'elle a tissé sa robe de fer.

« Arrive donc, très cher cousin, — Avec toutes tes forces ; — Bientôt la tempête allemande — Se déchaînera autour de ton île.

« Alors, s'écrouleront tes murailles ; — Alors, s'effondrera l'édifice de tes peuples ; — Alors, commencera le grand deuil — Que te causera ta propre honte. »

Chacun en prend d'ailleurs pour son grade. Le tzar et le Japon comme les autres :

« AU TSAR ET A LA RUSSIE

« Devant Dieu et devant l'Histoire, — C'est toi qui l'as voulu, — C'est toi qui as provoqué le jugement, — C'est toi qui as déchaîné la tempête.

« Tu as protégé les criminels — Qui ont attaqué l'honneur des Habsbourg, — Tu as empêché les vengeurs du droit — De détruire cette engeance.

« Tu t'es bien douté qu'on trouverait — (Et cela t'a causé quelque angoisse) — Tes mains sanglantes — Dans cette machination de coquins.

« N'a-t-il pas trouvé, dans ton pays, — Protection et asile, — Pour ta plus grande honte, — Le lâche assassinat?

« Souverain de tous les Russes, — Monstre descendu de Gottorp, — Dont les douces mélodies pacifistes — Étaient fausses comme le serment.

« Tu as provoqué le jugement mondial, — Tu as invoqué le Dieu des batailles. — Maintenant, sois réduit à néant — Et deviens la risée du monde.

« AU JAPON

« Il ne nous manquait plus que toi — Pour grandir encore notre gloire, — Peuple autrefois si transporté — D'héroïsme.

« Mais, l'héroïsme ne t'a pas réussi. — Il s'est rapidement évanoui. — Tu vois comme on se dégrade, — Quand on s'allie avec l'Angleterre.

« C'est vers les bas-fonds que t'a conduit ta route, — Vers les bas-fonds, à pas de géant, — A toute vitesse, tu as passé — Du héros au bandit.

« Te voilà maintenant, insolent Japonais, — Complètement percé à jour — Et de toute ta grandeur ne subsiste — Qu'un méprisable petit bonhomme. »

Nous n'insisterons point sur la qualité de ce lyrisme. Ce sont là des œuvres de circonstance — n'était-ce point Gœthe qui prétendait que c'étaient les meilleures? — Tant pis, alors, pour la poésie allemande !

***

Mais quels bons garçons que ces jeunes Boches. Ils ont décidément — et on ne saurait leur enlever cela — la bosse du respect. Ils bénissent la main sanglante qui les envoie à la boucherie :

« C'est au bon moment — Que tu as dit le mot attendu. — Il a banni d'un seul coup — Nos malheureuses dissensions.

« Je ne connais plus de partis, — Je ne veux connaître que des « Allemands. » — Un peuple uni, une armée unie. — Rien ne doit plus séparer les cœurs.

« Merci empereur, merci du fond du cœur. — Nous partons joyeux pour la guerre. — Cette parole fut la première — Et la plus belle de tes victoires.

« Quoi que ce soit qui nous divise, — Faisons trêve à nos discordes, — Jusqu'à ce que notre épée ait guéri le monde — Et que nous soyons victorieux. »

Suit le couplet de confiance à l'Allemagne qui combat :

« Mon Allemagne, toi que j'honore par-dessus tout, — Aie confiance en ta force ; — Quelles que soient les puissances qui veulent détruire — Ta moelle et sa sève.

« Le danger ne saurait t'effrayer, — Lui qui engendre l'action, — Il t'a souvent fait visite — Pour éveiller tes héros.

« Le danger t'a enfantée — Pour que s'endurcisse ta race. — Le danger t'a choisie — Pour défendre ton bon droit.

« La terre que tu as reçue en partage — Etait un sol rude et avare. — Ainsi, ta volonté s'est affermie. — Et ta main est devenue calleuse.

« Rochers et océans ne défendent pas — Bénévolement tes provinces, — Seule ta vaillante race — Constitue ta protection.

« Tu es environnée d'envieux, — Aussi, jamais ta force — En hommes, coursiers et cavaliers — Ne doit-elle se diminuer et s'amollir.

« C'est le danger qui t'a bénie ; — Tu vas montrer ce que tu vaux ; — Sur toi pleuvent les ennemis. — Hourra pour l'épée allemande ! »

Leurs premiers succès les ont grisé. Ils éclatent d'orgueil :

« Ah ! Comme elle vole la colère allemande — Par la tempête

et les nuages ! — On dirait qu'une fontaine de Jouvence — Coule dans les veines de notre peuple ; — On dirait que Siegfried s'est réveillé — Au grand effroi de ses ennemis — Et que de toute sa force — Il a fait siffler sa vieille épée Notung.

« Ah ! comme les pierres de leurs murailles — Sont réduites en poussière ! Ah ! comme la garde du Rhin et nos chants de triomphe — Les font trembler ! — Déjà, Liège et Namur, comme le nain Albéric, — Font entendre leurs plaintes, — Et, à l'est, nous avons remporté — Un nouveau Tanneberg.

« Ah ! comme, sur les rives de la mer du Nord, — Nos jeunes gens sont aux aguets ! Te voilà saisie d'effroi et de crainte, — Angleterre puissante sur les mers ; — Nos jeunes marins n'hésitent pas, — Ils essaiment comme des abeilles — Et à la face même de la Tamise, — Ils vont ancrer leurs mines.

« Ah ! comme elle est furieuse la colère allemande ! — Au nord, à l'est, à l'ouest, — Elle vous choisit tous comme cible ; — Elle démolit vos forteresses. — Vous, qui avez excité la colère de l'aigle allemand, — Vous serez brisés ou bien vous ploierez. — Notre épée étincelle ; le pont de notre navire est dégagé. — En avant pour de nouvelles victoires ! »

Même quand c'est Dieu qu'ils chantent, les Boches enfiévrés par la guerre et une candide certitude de vaincre de méprisables ennemis, chantent un Dieu farouche, sanglant, casse-tout, à leur image. Ce Dieu-là n'est nulle part mieux dépeint que dans certain *Dieu allemand* abondamment diffusé, avant la guerre, par les soins de " l'Odin-Verein " — ce qui est tout dire — et dont la popularité fut considérable.

Les ennemis de l'Allemagne demandent, pleins de mépris :

« Vous Allemands, vous appelez et vous priez Dieu. — Pour vous aider dans le combat. — Vous avez donc un Dieu à vous que nous ne connaissons pas, qui est de votre côté ?

— Oui, s'écrie l'Allemagne entière, et si vous ne le connaissez pas, nous allons vous le nommer : le Dieu qui parle par nos canons, le Dieu qui brise vos forteresses, qui bruit dans la mer sur nos falaises, qui ronfle dans le ciel avec nos avions, le Dieu de nos épées qui vous remplit d'effroi, c'est Wotan, le vieux vagabond des nuées, le Wotan de nos pères, c'est lui et pas un autre ».

Chants de guerre, hymnes religieux sont animés, on le voit, d'une même furie de meurtre d'un même désir d'écraser, surfortifiés d'audace imperturbable.

Hélas, trois fois hélas, la désillusion devait venir pour eux. La

Extrait du *Simplicissimus*.

Chef-lieu de lyrisme teuton.

bataille de la Marne rafraîchit singulièrement leur lyrisme, lequel se devait éteindre davantage dans les copieuses noyades de l'Yser. Au début de novembre 1914, les bataillons destinés à la bourbe du canal — et qui le savaient — ne chantaient plus en traversant Bruges le *Deutschland uber alles*, mais bien une sorte d'inquiète mélopée ou quelques appels éclatants sonnaient faux : « Gloire ! Gloire ! nous voulons rentrer chez nous, — Gloire ! Gloire ! dans nos foyers, il n'y aura plus la guerre ! »

Étrange mauvais lyrisme !

Nous confessons préférer à ces chants de guerre d'une rhétorique délirante, la hautaine majesté de certaine ode à la France du grand Ruydard Kipling. Croyez-nous — encore qu'en disent les Allemands — les Anglais ont du bon, même en ces matières...

VIII

LES MÉFAITS DE LA DOMINATION PRUSSIENNE

Le cas Nietzsche, loyal Suisse. — De l'allemand et de sa ressemblance avec l'éléphant. — Où l'on voit, de Frédéric II au Kaiser, les souverains juger leur peuple.

La Domination prussienne.

N'est-ce point Gerhardt Hauptmann qui se félicitait tout récemment de ce que nombre de ses compatriotes mobilisés apportassent dans leur paquetage, en guise de biscuit, la Bible, les œuvres de Schopenhauer et celles de Nietzsche, sympathisant en un étrange voisinage? Voilà, ce nous semble, de respectables impedimenta et dont auraient fort bien pu s'alléger les reîtres métaphysiciens du général von Kluck. Il ne laisse point, d'autre part, de nous étonner que le kaiser, soucieux, comme nul n'en ignore, de la direction spirituelle de ses sujets, ne se soit point alarmé d'un éclectisme aussi inattendu.

Nietzsche serait-il devenu *persona grata* à ses yeux? Il nous souvient que la mémoire de Henri Heine ne bénéficia pas de la même indulgence et que l'Achilleion de Corfou, où une douloureuse souveraine entretint son culte, connut les rigueurs rageuses de l'ostracisme impérial.

Encore qu'après mûre délibération (il était alors devenu sujet suisse et professeur à l'université de Bâle) Nietzsche ait fait son devoir militaire en 1870, comme infirmier dans les troupes allemandes, il ne fut jamais dupe de la mégalomanie germanique. Le 14 juillet de cette même année, il signe une lettre à son ami Erwin Rhode : *F. N. loyal Suisse.* Sa décision n'est pas encore prise ; il hésite avant de quitter la neutre Helvétie pour défendre son pays natal.

Au fait, ce pays, est-il vraiment le sien? Ne regrette-t-il pas amèrement que ceux qu'il croyait, à tort d'ailleurs, ses arrière-grands-parents, les Nietzsky, eussent cru devoir, en émigrant en Allemagne, germaniser la désinence polonaise de son nom ?

Passant tel hiver à Florence, ne se flattera-t-il point d'y être appelé *il Polacco* et ne se déclarera-t-il pas, comme se voit forcée de l'enregistrer sa sœur Mme Fœrster, que ce qu'il a de sang allemand lui vient de sa mère?

N'importe, nous le retrouvons, quelques semaines après sa lettre à Erwin Rhode, méditant, « dans un wagon de marchandises encombré de blessés atteints de dysenterie et de diphtérie, sur l'Homme tragique et les éléments de son premier livre : *la Naissance de la tragédie* ».

La guerre fouette d'abord son humeur lyrique ; une sorte de vertige dyonisiaque emporte plaisamment ce tranquille ambulancier. Mais une réaction ne tarde point à se produire. Cette guerre, à quoi servira-t-elle?

« Je crains, écrira-t-il au lendemain de celle-ci, à son ami Gensdorff, que nous n'ayons à payer nos merveilleuses victoires nationales d'un prix auquel, pour ma part, je ne consentirai jamais. *En confidence, je suis d'avis que la Prusse moderne est une puissance hautement dangereuse pour la culture.* »

Tout à leurs succès militaires, les Allemands ont négligé la commémoration du centenaire de Beethoven. Richard Wagner leur déclare : « Allemands, vous êtes braves ; restez braves dans la paix. » Mais la joie de celui-ci semble à Nietzsche de qualité vulgaire : il lui en veut de « manger », avec une si bouffonne désinvolture, « du Français ».

La force de l'Etat prussien, pense-t-il, est la perte de la patrie allemande, cette patrie qu'il conçoit, ainsi que l'observe son biographe Daniel Halévy, « à la manière de Gœthe, comme une source d'art et de grandeur morale ».

L'inquiétude de Nietzche quant aux fulgurantes victoires prussiennes et à leurs conséquences redoutables pour le pays allemand est partagée par beaucoup de penseurs, Grillparzer, entre autres.

« Comme Allemand je dois me réjouir du succès de cette guerre (celle de 1870), mais je crains la prépondérance de la Prusse plus presque que celle de la France. Bismark étendra ses mains vers tous les pays où résonne la langue allemande... Je me félicite d'avoir quatre-vingts ans et d'être devenu presque insensible aux événements qui agitent l'univers... J'estime, pour ma part, que la France serait pour nous une meilleure alliée que la Prusse qui n'a en vue que son intérêt et non l'intérêt de l'Allemagne, comme l'a prouvé l'annexion de la Hesse, du Nassau et du Hanovre... »

GRILLPARZER.

« Si l'on croit que l'unité de l'Allemagne consiste à en faire un seul énorme empire avec une seule grande capitale, si l'on pense que l'existence de cette grande capitale contribue au bien-être de la masse du peuple et au développement des grands talents, on est dans l'erreur. »

Venons-en, pour finir, au jugement de l'Allemagne par les plus grands Allemands :

« On a reproché aux Allemands d'imiter tantôt les Français, tantôt les Anglais. C'est justement ce qu'ils peuvent faire de mieux, car, par eux-mêmes, ils ne trouveraient rien d'intelligent. »

SCHOPENHAUER.

« L'Allemand a beaucoup de ressemblance avec l'éléphant : il est intelligent comme lui et on le dresse facilement pour mettre ses frères dans la servitude. »

Jean-Paul RICHTER.

« Il n'y a pas au monde un peuple où les délateurs soient plus nombreux que chez nous. »

M. C. WYGAND (*Um Kultur Berlin*, 1905.)

Les grands Allemands ont prêté à leurs compatriotes les qualités les plus aimables en leur diversité :

« L'Allemagne est le seul pays où un pharmacien ne peut préparer un remède sans s'interroger sur la corrélation de son activité avec l'essence de l'univers ».

LANGE.

« Les Allemands sont plus rancuneux que les peuples d'origine romaine... Nous haïssons chez nos ennemis ce qu'il y a de plus essentiel, de plus intime : la pensée ».

HENRI HEINE.

« La supercherie, la mauvaise foi et la duplicité sont malheureusement le caractère dominant de la plupart des hommes qui sont à la tête des nations et qui en devraient être l'exemple ».

FRÉDÉRIC II (dit le Grand).

(Lettre à Voltaire, 3 février 1742).

« L'*honnêteté* allemande, candide avenante et sans arrière-pensée est, aujourd'hui peut-être, le déguisement le plus dangereux et le plus habile que sache prendre l'Allemand... Un peuple est très habile quand il se donne pour profond, maladroit, bon enfant, honnête, sans astuce... Enfin, il faut faire honneur à son nom; on ne s'appelle pas en vain *teutsch.* Volk, Tausche Volk, peuple qui trompe.

NIETZSCHE.
(*Par delà le bien et le mal*)

« Hors de nos frontières, la haine de l'Allemagne grandit chaque jour, à ce point que ce n'est pas une erreur d'affirmer que le peuple allemand est le peuple le plus détesté qui soit au monde. C'est un fait dont les causes sont nombreuses, mais dont la principale responsabilité incombe au gouvernement impérial, à sa politique sans scrupules et faite de duplicité. »

M. DE HERTLING.

« C'était au printemps de 1879. A cette époque, j'avais l'habitude de faire tous les jours une promenade au Tiergarten. J'y rencontrais habituellement des officiers de l'Etat-major général et je constatais, non sans surprise, que de temps à autre, l'un d'eux disparaissait pour quelque temps, sous prétexte de faire un voyage de plaisir. Tous ces officiers se rendaient en France, mais jamais à Paris. C'étaient les « paysans » de Metz, Nancy, Belfort, Verdun, Châlons et Dijon qui intéressaient principalement ces voyageurs, parmi lesquels il y avait nombre d'officiers ne disposant d'aucune fortune. Comme on ne me fournissait aucun détail sur ces excursions, je me gardais de questions indiscrètes. Mais je savais parfaitement à quoi m'en tenir. »

(*Mémoires du Prince Kraft de Hohenloe.*)

Et ces aveux des souverains, rois ou empereur, de Frédéric II au kaiser d'aujourd'hui !... Comme ils sont éloquents dans ces bouches royales, et qu'il est bon de les rappeler à l'heure où sur les champs de bataille, nos armées jouent contre l'Allemagne le destin de la France, et avec lui, le sort de la civilisation !

Extrait du *Simplicissimus*.

Qu'il soit compris dans la note pittoresque et traditionnelle, ou bien dans la note moderne et soucieuse de bon ton, leur costume n'est-il pas également hideux et digne d'eux? — *Plus le singe monte haut plus il montre son derrière* (Proverbe allemand).

« Quand nous voyons qu'il y a avantage à être honnête, soyons-le. Mais lorsque, par contre, la nécessité s'impose d'user de supercherie, soyons des fourbes.

FRÉDÉRIC II. (*Lettre à son Ministre des Affaires étrangères en 1741.*)

« Nos Allemands ont l'ambition de jouir, à leur tour, des avantages des beaux-arts ; ils s'efforcent d'égaler Athènes, Rome, Florence et Paris !...

« Quelque amour que j'aie pour ma patrie, je ne saurais dire qu'ils réussissent jusqu'ici : deux choses leur manquent, la langue et le goût. La langue est trop verbeuse ; pour le goût, les Allemands en manquent surtout. »

FRÉDÉRIC II (*Lettre à Voltaire écrite de Postdam*, le 24 juillet 1775.).

« J'aimerais mieux voir mes quarante-quatre millions de Prussiens morts sur le champ de bataille plutôt que d'abandonner un pouce du terrain gagné dans la guerre franco-allemande. »

GUILLAUME II (*Discours de Francfort-sur-Oder*, 16 août 1888.)

« Je porterai au loin l'Evangile de la personne sacrée de Votre Majesté. Je le prêcherai à ceux qui voudront l'entendre et aussi *à ceux qui ne le voudront pas.* »

Prince HENRI DE PRUSSE *(Discours en décembre 1907)*.

« Quand je pense au nombre d'animaux dans mes forêts, je me sens comme Frédéric le Grand à Rolin, lorsqu'il criait à ses escadrons : « Chiens, vivrez-vous donc toujours? » J'espère doubler et tripler mon record de tir pendant les dix prochaines années. *Si un roi ne peut faire la guerre, il doit être heureux au moins de la pouvoir pratiquer dans ses forêts, cela le tient en haleine.*

GUILLAUME II *(au retour d'une de ses chasses à un de ses intimes.)*

PROVERBES ALLEMANDS

« Moitié pieux, moitié fripon, remplit la bourse et la panse. »

« Beaucoup de diligence et peu de conscience remplissent la bourse. »

« Vole beaucoup, dépense peu et tu réussiras. »

« Que celui qui n'est pas capable de tromper se fasse ermite. »

« De telles paroles ne font pas les choux gras. »

« Il fait bon pêcher en eau trouble. »

« Il faut être renard et lièvre. »

« Promettre est noble, tenir est bourgeois. »

« Chez les grands seigneurs, on peut facilement s'enrichir. »

« Le paysan est un espion. »

« Chacun joue l'honnêteté et la laisse aller mendier. »

« Les meilleurs amis se trouvent dans la bourse. »

« N'égorge pas tout à fait quelques prisonniers. »

« Plutôt un pou dans la choucroute qu'aucune viande. »

« Si un tour infâme a réussi, on ne manque jamais de le respecter. »

« Le Souabe n'a point de cœur mais il a deux estomacs. »

« Il n'y a qu'une ville impériale : Il n'y a qu'un Vienne. Il n'y a qu'une ville de brigands : Il n'y a qu'un Berlin. »

« Une femme et un poêle ne doivent pas bouger de la maison. »

« L'Italien noie ses soucis dans la nonchalance, le Français dans les chansons et l'Allemand dans la boisson. »

« Plus le singe monte haut plus il montre son derrière. »

« Les cloches appellent le monde à l'office et n'y vont jamais. »

« Lorsque Adam maniait le bâton et Ève le fuseau, où étaient les hobereaux? »

TABLE DES MATIÈRES

IMP. RENAUDIE, 13, RUE DE SÈVRES. — PARIS

www.ingramcontent.com/pod-product-compliance
Ingram Content Group UK Ltd.
Pitfield, Milton Keynes, MK11 3LW, UK
UKHW031919260826
14628UKWH00003B/1292

9 782019 658663